Wer will guten Kuchen backen ...

... der muß haben sieben Sachen. Sehr viel brauchen Sie wirklich nicht: hochwertige Zutaten, eine genaue Küchenwaage, die üblichen Kuchenformen, hin und wieder etwas Geduld und die Bereitschaft, genau zu arbeiten. Ansonsten brauchen Sie sich nur an die Rezepte in diesem Buch zu halten, und der Erfolg ist Ihnen ebenso sicher wie die Begeisterung derer, die kosten dürfen. Sie werden sehen, wie einfach es eigentlich ist, köstliche Kuchen und festliche Torten zu »zaubern«.

Die Farbfotos gestalteten
Odette Teubner
und Kerstin Mosny.

INHALT

4 Hilfreiche Backtips

- 4 Vor dem Start zu lesen
- 4 Die Zutaten
- 5 Der Teig
- 6 Über das Backen
- 7 Temperatureinstellungen

8 Einfach vom Blech

- 8 Zitronenkuchen
- 8 Mooskuchen
- 10 Mohnkuchen
- 10 Zucchinikuchen
- 12 Einfacher Butterkuchen
- 13 Streuselkuchen
- 14 Gemischter Nußkuchen
- 14 Marzipan-Kokos-Kuchen
- 16 Mandelkuchen
- 16 Bienenstich
- 18 Schneller Rahmkuchen
- 18 Biskuitroulade

20 Köstliches aus der Form

- 20 Feiner Rührkuchen
- 21 Lime Pie
- 22 Mandel-Sandkuchen
- 22 Schwarzweiß-Kuchen
- 24 Eierschecke
- 24 Margaretenkuchen
- 26 Gugelhupf
- 26 Rotweinkuchen
- 28 Marmorkuchen
- 28 Orangen-Nuß-Kuchen
- 30 Käsekuchen mit Korinthen
- 30 Käsekuchen ohne Boden
- 32 Königskuchen
- 32 Ilsenburger Wellen

34 Beliebte Obstkuchen

- 34 Kirsch-Käse-Kuchen
- 34 Brauner Kirschkuchen
- 36 Gerührter Apfelkuchen
- 36 Gedeckter Apfelkuchen
- 38 Himbeer-Schokoladen-Kuchen
- 38 Rhabarberkuchen mit Baiser

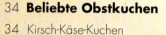

- 40 Zwetschgendatschi
- 40 Aprikosenkuchen
- 42 Stachelbeer-Nuß-Kuchen
- 42 Mürber Erdbeerkuchen
- 44 Kokos-Ananas-Kuchen
- 45 Pflaumen-Streusel-Kuchen
- 46 Apfelkuchen mit Streuseln
- 46 Johannisbeer-Makronen-Kuchen

48 Festliche Torten

- 48 Mohntorte mit Preiselbeersahne
- 50 Linzer Torte
- 50 Orangentorte
- 52 Weinschaumcreme-Torte

INHALT

54 Mokka-Sahne-Torte
54 Leichte Sachertorte
56 Augsburger Rhabarbertorte
56 Mailänder Quarktorte
58 Burgenländer Mohntorte
58 Engadiner Nußtorte
60 Rüblitorte
60 Nubiertorte

62 **Rezept- und Sachregister**

HILFREICHE BACKTIPS

Vor dem Start zu lesen

Die Rezepte in diesem Buch sind so einfach beschrieben, daß es auch Ungeübten gelingt, danach zu backen. Dennoch gibt es Grundsätzliches, das nicht in jedem Rezept wiederholt werden kann. Deshalb hier einige Punkte, die Sie vor dem Start lesen und beachten sollten, damit Sie bestimmt keine Enttäuschung erleben.

Die Zutaten

• Alle Zutaten schon etwa 30 Minuten vor der Zubereitung des Teigs aus dem Kühlschrank nehmen, damit sie die gleiche Temperatur annehmen; es sei denn, die Butter wird ausdrücklich kalt verwendet.

• Es ist praktisch, die Zutaten bereits gewogen oder abgemessen bereitzustellen.

• Eier sollten für Kuchen von mittlerem Gewicht sein, also mit Schale nicht mehr als 65 g wiegen. Sind die Eier wesentlich leichter, eventuell noch eines hinzufügen oder die fehlende Menge durch Zugabe von Milch oder Wasser ausgleichen. Sind die Eier schwerer, die Flüssigkeitsmenge knapper halten oder etwas mehr Mehl zum Teig geben.

• Wird Eiweiß zu Schnee geschlagen, so machen Sie das am besten gleich und bewahren den Eischnee bis zum Gebrauch im Kühlschrank auf. So brauchen Sie nicht zu befürchten, daß Spuren von Fett hineinkommen und er zusammenfällt.

• Eischnee wird besonders steif, wenn Sie ihn mit 1 Prise Salz schlagen oder erst halbsteif schlagen, gesiebten Puderzucker einrieseln lassen und weiterschlagen, bis er glänzt und schnittfest ist. Wichtig: Eischnee niemals unter den Teig rühren! Immer unterheben: Also den Eischnee auf den Teig füllen und nun mit dem Rührlöffel immer wieder Teig von unten hochholen und über den Eischnee ziehen, bis sich die Masse gemischt hat.

• <u>Butter</u> gilt als ideales Backfett. Sie kann durch Margarine ersetzt werden, je nach Gebäckart auch durch Butterschmalz, Kokosfett, Schweineschmalz oder geschmacksneutrales Öl.

• In den Rezepten dieses Buches wird immer »echter« <u>Vanillezucker</u> verwendet, nicht synthetischer Vanillinzucker. Leicht läßt sich ein Vorrat an Vanillezucker bereithalten, wenn Sie eine Vanilleschote längs aufschneiden, das Mark herausschaben und dieses mit den Schotenhälften in einem Schraubglas mit feinem Zucker aufbewahren. Das Aroma geht in wenigen Tagen in den Zucker über und bleibt in der verschlossenen Dose monatelang erhalten. Außerdem gibt es

Sahne- oder Cremehauben aus dem Spritzbeutel mit Stern- oder Lochtülle sind schnell und leicht auf einen Kuchen aufzutragen, ebenso fertige Verzierungen aus Zuckerguß oder Schokolade. Etwas Übung verlangt es, den Kuchen mit Kuvertüre zu überziehen. Feiner wird die Glasur, wenn Sie vorher eine Schicht erwärmte Konfitüre auftragen.

Küchenhelfer fürs Backen (von links nach rechts):
Hinten: Handrührgerät mit Schneebesen, Rührschüsseln, Springform, Teigroller, Kastenform, Rührlöffel und Backpinsel.
Vorne: Palette, Schneebesen, Tortenheber, Teigrädchen, Holzstäbchen, Teigspatel und Kuchengitter.

jetzt auch die Bourbon-Naturvanille gemahlen zu kaufen, von köstlichem Aroma, jedoch nur teelöffelweise zu dosieren.

• Zitrusfrüchte, deren Schale als Aroma verwendet wird, also gerieben oder kleingehackt in den Teig kommt, müssen als »unbehandelte« Früchte angeboten werden. Trotzdem vor Gebrauch heiß abwaschen und trockenreiben, da auch unbehandelte Zitrusfrüchte für den Transport mit einer Wachsschicht überzogen werden.

Oft wird nur ein Teil der Schale benötigt. Es wäre aber schade, den Rest wegzuwerfen. Die abgeriebene Schale bewahrt man so auf:
Mit reichlich feinem Zucker mischen und in einem Schraubglas gut verschließen. Oder die Schale trocknen lassen, in einem Döschen aufbewahren und bald verwenden.

Der Teig

• Wer wenig Erfahrung mit Hefeteig hat, sollte besonders darauf achten, daß der Teig dreimal ausreichend geht. Den Hefevorteig deshalb mit einer feinen Mehlschicht bestreuen.

Ist er genügend aufgegangen, zeigt die Mehlschicht an der Oberfläche deutliche Risse. Beim zweiten Gehenlassen soll der Teig sein Volumen annähernd verdoppeln. Wichtig: Die Raumtemperatur sollte etwa 22° betragen. Durch das Zudecken mit einem Tuch schützen Sie den Teig vor Zugluft.

• Mürbeteig besteht grundsätzlich aus 1 Teil Zucker, 2 Teilen Fett und 3 Teilen Mehl. Je höher der Fettanteil gegenüber dem Mehl ist, desto mürber gerät der Teig. Backpulver gehört nicht in den Mürbeteig.

HILFREICHE BACKTIPS

- Unproblematisch ist der Rührteig. Wichtig: Alle Zutaten zügig miteinander verrühren, jedoch nicht überrühren! Von Hand braucht der Teig eine Rührzeit bis zu 30 Minuten, mit der Küchenmaschine oder dem Handrührgerät ist er in höchstens 10 Minuten fertig gerührt.

- Quark-Öl-Teig ist schnell zubereitet und leicht zu verarbeiten. Doch eignet er sich eigentlich nur für Gebäck, das noch am Tag des Backens verzehrt wird, denn es schmeckt nur frisch wirklich gut.

- Biskuit ist eine der empfindlichsten Backmassen, die sofort nach dem Zubereiten gebacken werden muß. Für Torten muß der Tortenboden hoch genug sein, damit man ihn ein- bis zweimal durchschneiden kann. Der klassische Tortenboden wird aus geschmacklichen Gründen mit vielen Eiern, aber ohne Backpulver zubereitet. Wem das zu unsicher ist, der nimmt statt 6 Eiern nur 3 oder 4 und gibt 2–3 Teelöffel Backpulver zum Teig. Hier ist es beim Backen besonders wichtig, die Türe nicht zu öffnen, sonst fällt das Biskuit zusammen. Den fertigen Tortenboden in der Form etwa 15 Minuten abkühlen lassen, dann auf ein Kuchengitter stürzen und am besten erst nach einer Ruhezeit von etwa 12 Stunden durchschneiden.

Über das Backen

- Backblech und Backformen müssen für Hefeteig, für Mürbeteig mit geringem Fettanteil und für Quark-Öl-Teig ausgefettet werden. Für Rührteig und für Biskuitteig werden Form und Backblech zusätzlich noch mit Mehl, Grieß, Semmel- oder

Für Gäste, für Feste, zum Tee oder Kaffee, fürs Sonntagsfrühstück oder nur zum Verwöhnen: Köstliche Kuchen sind immer gefragt und schmecken ganz frisch am besten.

Zwiebackbröseln, geriebenen Nüssen oder Zucker ausgestreut. Für Tortenböden aus Biskuit ohne Backpulver wird nur der Boden der Form gefettet und mit Mehl ausgestreut. Durch den ungefetteten Rand der Form kann das Biskuit gleichmäßig hochsteigen. Auf das Ausfetten von Form oder Backblech können Sie verzichten, wenn Sie statt dessen Backpapier verwenden. Für Kastenkuchenformen muß es an den vier Ecken eingeschnitten werden, damit sich das Papier glatt an die Wände anlegt. Jedes Gebäck braucht beim Bakken nach oben hin etwas Platz, denn viele Gebäckarten gehen beim Backen noch auf. Flaches und mittelhohes Gebäck deshalb in der Mitte backen und hohes unten.

- Die Backofentür niemals vor Erreichen des ersten Drittels der gesamten Backzeit öffnen, da mancher Teig dadurch zusammenfällt.

- Stellen Sie dann allerdings fest, daß das Gebäck zu rasch bräunt, muß es mit Pergamentpapier oder auch mit Backpapier bedeckt werden, damit es fertiggaren kann, ohne daß die Oberfläche zu dunkel wird.

- Ist es dennoch einmal passiert, reiben Sie die Oberfläche, die Kanten und eventuell auch die Seiten mit einem feinen Reibeisen ab und entfernen die Brösel mit einem Backpinsel. Das Gebäck dann kräftig mit Puderzucker besieben oder mit einer Zucker- oder Schokoladenglasur überziehen.

Die Garprobe mit Hilfe eines Holzstäbchens (Stäbchenprobe) ist beim Kuchenbacken unerläßlich.

- Für die Garprobe halten Sie am besten ein Holzspießchen bereit. Wirkt ein Kuchen dem Aussehen nach bereits fertig, machen Sie schon etwa 10 Minuten vor Ende der angegebenen Backzeit die Stäbchenprobe. Das Spießchen in die höchste Stelle des Kuchens stecken und herausziehen. Haften keine Teigspuren mehr daran, ist der Kuchen fertig.

- Den fertigen Kuchen können Sie noch einige Minuten im abgeschalteten Backofen bei geöffneter Tür stehenlassen, so kühlt er allmählich ab. Er bleibt noch weitere 15 Minuten in der Form, um sich etwas zu festigen. Dann ein Kuchengitter auf die Form legen, das Ganze umdrehen und den Kuchen stürzen. Eventuell müssen Sie ein feuchtwarmes Tuch auf die Form drücken, den Kuchen an den Rändern der Form mit einem dünnen Messer lösen und noch einmal stürzen.

- In den Rezepten sind die Backtemperaturen in Grad (°) angegeben. Für den Gas- und den Umluftbackofen hilft Ihnen die folgende Tabelle beim Umrechnen. Der herkömmliche Elektrobackofen benötigt etwa 10 Minuten, um eine Temperatur von 200° zu erreichen. Gas-, Umluft- und modernste Elektrobacköfen schaffen das in wenigen Minuten.

Temperatureinstellungen

Bitte beachten Sie beim Bakken, daß jeder Backofen eine andere Backeigenschaft hat. Deshalb ist es sehr wichtig, gegen Ende der Garzeit den Kuchen zu kontrollieren, damit er nicht zu dunkel wird. Lieber den Kuchen abdecken oder vorsichtshalber schon einmal die Garprobe machen.

Elektroherd	Gasherd (Stufe)	Umluftherd
90–100°	1/2–1	80°
110–180°	1 –2	90–140°
180–200°	2 –3	140–160°
200–220°	3 –4	155°
220–250°	4 –5	155–175°

HILFREICHE BACKTIPS

EINFACH VOM BLECH

Zitronen-kuchen

Zutaten für ein Backblech:

200 g Butter

4 Eier

200 g Zucker

abgeriebene Schale von

1 unbehandelten Zitrone

250 g Mehl

1/2 Päckchen Backpulver

Saft von 1 1/2 sehr saftigen

Zitronen

Für das Blech: Backpapier

Gelingt leicht

Bei 14 Stück pro Stück etwa:
1100 kJ/260 kcal
4 g Eiweiß · 14 g Fett
28 g Kohlenhydrate

• Zubereitungszeit: etwa
  50 Minuten (davon
  20 Minuten Backzeit)

1. Das Blech mit Backpapier auslegen. Die Butter in Stückchen schneiden, bei schwacher Hitze schmelzen und wieder abkühlen lassen.

2. Die Eier mit 75 g Zucker schaumig rühren, die Zitronenschale, nach und nach die Butter und das mit dem Backpulver vermischte Mehl unterrühren.

3. Den Teig auf das Blech geben, glattstreichen, in den kalten Backofen (Mitte) geben und bei 200° in etwa 20 Minuten goldgelb backen.

4. Den übrigen Zucker mit dem Zitronensaft verrühren, bis er sich völlig aufgelöst hat. In den noch heißen Kuchen mit einem

Holzspießchen viele Löcher stechen und den Zitronensaft darüber träufeln. Den Kuchen dann kalt werden lassen.

Tip!

Der Kuchen bleibt mehrere Tage frisch, wenn Sie ihn in Pergamentpapier einschlagen und in einer Blechdose aufbewahren.

Mooskuchen

Zutaten für ein Backblech:

Für den Teig:

300 g Butter

300 g Zucker

6 Eigelb

250 g saure Sahne

3 Eßl. Kakaopulver

1 gestrichener Teel. Natron

350 g Mehl

Für das »Moos«:

125 g Kokosfett

6 Eiweiß

1 Prise Salz

3 Eßl. Puderzucker

3–4 Teel. fein gemahlener Kaffee

Für das Blech: Backpapier

Zum Bestäuben:

Kakaopulver nach Belieben

Raffiniert

Bei 12 Stück pro Stück etwa:
2300 kJ/550 kcal
7 g Eiweiß · 37 g Fett
50 g Kohlenhydrate

• Zubereitungszeit: etwa:
  1 1/2 Stunden (davon
  30 Minuten Backzeit)

1. Den Backofen auf 210° vorheizen. Das Backblech mit

Backpapier auslegen. Für den Teig die Butter in Stückchen schneiden und mit dem Zucker und den Eigelben schaumig rühren. Nach und nach die saure Sahne untermischen und eßlöffelweise den Kakao, das Natron und das Mehl darunterrühren. Es soll ein zähflüssiger Teig entstehen.

2. Den Teig auf das Blech geben, glattstreichen und im Backofen (Mitte) in etwa 30 Minuten goldgelb backen. Den Teig vom Blech stürzen und kalt werden lassen.

3. Für das »Moos« das Kokosfett bei schwacher Hitze schmelzen und wieder abkühlen lassen.

4. Die Eiweiße mit dem Salz steif schlagen. Den gesiebten Puderzucker einrieseln lassen. Das noch flüssige Fett unterrühren. Den Eischnee auf den kalten Kuchenboden streichen und gleichmäßig mit dem Kaffee bestreuen.

5. Den Kuchen etwa 20 Minuten möglichst kühl ruhen lassen. Während dieser Zeit färbt sich der Eischnee grün. Den Kuchen nach Belieben mit Kakao bestäuben und frisch verzehren.

Im Bild vorne: Mooskuchen
Im Bild hinten: Zitronenkuchen

EINFACH VOM BLECH

EINFACH VOM BLECH

Mohnkuchen

Zutaten für ein Backblech:
Für den Belag:
350 g Mohn
1/2 l Milch
100 g Zucker
abgeriebene Schale von
1 unbehandelten Zitrone
1 Ei
3 Eßl. Speisestärke
Für den Teig:
150 g ausgepreßter Magerquark
5 Eßl. Milch
6 Eßl. Öl
50 g Zucker
3 Eßl. Honig
300 g Mehl
2 Teel. Backpulver
Für den Guß:
200 g Puderzucker
Saft von 1 Zitrone
Für das Blech: Butter

Preiswert

Bei 16 Stück pro Stück etwa:
1500 kJ/360 kcal
9 g Eiweiß · 16 g Fett
43 g Kohlenhydrate

- Zubereitungszeit: etwa
  1 1/4 Stunden (davon
  30 Minuten Backzeit)

1. Für den Belag den Mohn
mit 375 ccm Milch, dem Zuk-
ker und der Zitronenschale aufkochen und in etwa 10 Minuten bei schwacher Hitze aus-
quellen lassen.

2. Das Ei trennen und das Eiweiß steif schlagen. Das Eigelb
mit der Speisestärke und der
restlichen Milch verrühren und
mit der Mohnmasse aufkochen.
Abkühlen lassen und den Eischnee unterheben.

3. Den Backofen auf 200° vorheizen. Das Backblech fetten.

4. Für den Teig den Quark mit
der Milch, dem Öl, dem Zuk-
ker, dem Honig und der Hälfte
des Mehls verrühren. Das übrige Mehl mit dem Backpulver
mischen und unterkneten. Den
Teig auf der bemehlten Arbeitsfläche in Größe des Blechs ausrollen, darauf legen und einen
kleinen Rand hochziehen.

5. Die Mohnmasse auf den Boden streichen und den Kuchen
im Backofen (Mitte) etwa
30 Minuten backen.

6. Den Kuchen auf einem Kuchengitter abkühlen lassen. Den
gesiebten Puderzucker mit dem
Zitronensaft verrühren und auf
den Kuchen streichen.

Zucchinikuchen

Zutaten für ein Backblech:
500 g möglichst kleine Zucchini
150 g Korinthen
3 Eier
200 g Zuckerrohrgranulat
Meersalz
3 Teel. gemahlener Zimt
150 ccm Maiskeimöl
Saft von 1 großen Zitrone
150 g grob gemahlene Haselnüsse
300 g Weizen-Vollkornmehl
2 Teel. Weinstein-Backpulver
150 g Mandelblättchen
150 g flüssiger Honig
75 g Butter
Für das Blech:
Butter und gemahlene Nüsse

Vollwertrezept

Bei 20 Stück pro Stück etwa:
1400 kJ/330 kcal
6 g Eiweiß · 21 g Fett
31 g Kohlenhydrate

- Zubereitungszeit: etwa
  1 1/4 Stunden (davon
  30 Minuten Backzeit)

1. Die Zucchini waschen, trok-
kenreiben und fein raspeln. Die
Korinthen heiß waschen und in
einem Sieb abtropfen lassen.
Den Backofen auf 190° vorheizen. Das Backblech fetten
und mit den gemahlenen Nüssen ausstreuen.

2. Die Eier mit dem Granulat,
1 Prise Salz, dem Zimt, dem Öl
und dem Zitronensaft schaumig
rühren. Die Nüsse, die Zucchini, die Korinthen und das mit
dem Backpulver gemischte
Mehl unterrühren. Den Teig auf
das Blech streichen.

3. Die Mandelblättchen mit
dem Honig und der Butter unter
Umrühren erhitzen, bis die
Mandeln etwas Farbe ange-
nommen haben und auf dem
Kuchen verteilen. Den Kuchen
im Backofen (Mitte) etwa
30 Minuten backen und etwa
5 Minuten im abgeschalteten
Backofen ruhen lassen.

Im Bild vorne: Mohnkuchen
Im Bild hinten: Zucchinikuchen

EINFACH VOM BLECH

EINFACH VOM BLECH

Einfacher Butterkuchen

Ein beliebter Sonntagskuchen. Er wird aus Hefeteig zubereitet und hat einen saftigen Belag aus Butter – daher der Name – und Zucker.

Zutaten für ein Backblech:
Für den Teig:
250 g Mehl
1/2 Würfel Hefe (20 g)
1 EßI. Zucker
knapp 1/8 l lauwarme Milch
2 Eigelb
Salz
50 g weiche Butter
Für den Belag:
200 g Butter
200 g Zucker
Für das Blech: Backpapier

Braucht etwas Zeit

Bei 12 Stück pro Stück etwa:
1300 kJ/310 kcal
3 g Eiweiß · 19 g Fett
34 g Kohlenhydrate

- Zubereitungszeit: etwa 2 1/4 Stunden (davon 1 Stunde 10 Minuten Ruhezeit und 25 Minuten Backzeit)

1. Für den Teig das Mehl in eine Schüssel schütten, eine Mulde hineindrücken, die Hefe hineinbröckeln und diese mit etwas Zucker, Milch und Mehl verrühren. Den Hefevorteig zugedeckt etwa 20 Minuten gehen lassen.

2. Die restliche Milch, den übrigen Zucker, die Eigelbe, 1 Prise Salz und die Butter mit dem Hefevorteig und dem gesamten Mehl verkneten und den Teig schlagen, bis er Blasen wirft und sich vom Schüsselrand löst. Den Teig zugedeckt gehen lassen, bis er sein Volumen fast verdoppelt hat.

3. Das Blech mit Backpapier auslegen. Den Teig auf einer leicht bemehlten Arbeitsfläche ausrollen und auf das Blech legen. In gleichmäßigen Abständen mit einem Kochlöffelstiel Vertiefungen in den Teig drücken. Für den Belag die Butter in Stückchen in die Vertiefungen geben. Den Zucker über den Kuchen streuen.

4. Den Kuchen etwa 20 Minuten gehen lassen. Währenddessen den Backofen auf 180° vorheizen. Dann den gegangenen Kuchen im Backofen (Mitte) in etwa 25 Minuten goldgelb backen.

Streuselkuchen

Streuselkuchen ist ein sehr beliebter »Kuchenklassiker«. Sie können ihn noch verfeinern, indem Sie den Teig mit Johannisbeerkonfitüre bestreichen und dann die Streusel darauf streuen.

Zutaten für ein Backblech:
Für den Teig:
250 g Mehl
1/2 Würfel Hefe (20 g)
1 Eßl. Zucker
knapp 1/8 l lauwarme Milch
2 Eigelb
Salz
50 g weiche Butter
Für den Belag:
200 g Mehl
50 g gemahlene Mandeln
200 g Zucker
150 g weiche Butter
Für das Blech: Backpapier

Braucht etwas Zeit

Bei 12 Stück pro Stück etwa:
1800 kJ/430 kcal
6 g Eiweiß · 25 g Fett
47 g Kohlenhydrate

- Zubereitungszeit: etwa 2 1/4 Stunden (davon 1 Stunde 10 Minuten Ruhezeit und 20–25 Minuten Backzeit)

1. Für den Teig das Mehl in eine Schüssel schütten. In einer Mulde aus der zerbröckelten Hefe, etwas Zucker, Milch und Mehl einen Vorteig rühren und etwa 20 Minuten gehen lassen. Dann alle Zutaten für den Teig verkneten. Den Teig zugedeckt etwa 30 Minuten gehen lassen.

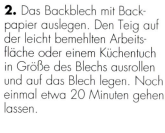

2. Das Backblech mit Backpapier auslegen. Den Teig auf der leicht bemehlten Arbeitsfläche oder einem Küchentuch in Größe des Blechs ausrollen und auf das Blech legen. Noch einmal etwa 20 Minuten gehen lassen.

3. Den Backofen auf 190° vorheizen. Für den Belag das Mehl, die Mandeln, den Zucker und die Butter vermengen und mit den Fingerspitzen zu Streuseln verarbeiten.

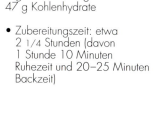

4. Die Streusel auf den Teig streuen und den Kuchen im Backofen (Mitte) in 20–25 Minuten goldgelb backen.

EINFACH VOM BLECH

EINFACH VOM BLECH

Mandelkuchen

Das Maß für diesen Kuchen ist der Sahnebecher.

Zutaten für ein Backblech:
1 Becher Sahne (200 g)
2 Becher Zucker
3 Eier
2 Becher Mehl
1 Päckchen Backpulver
200 g Butter
4 Eßl. Kondensmilch
125 g Mandelblättchen
Für das Blech: Backpapier und
gemahlene Mandeln

Gelingt leicht

Bei 12 Stück pro Stück etwa:
2000 kJ/480 kcal
7 g Eiweiß · 27 g Fett
53 g Kohlenhydrate

- Zubereitungszeit:
  etwa 1 Stunde (davon
  25 Minuten Backzeit)

1. Den Backofen auf 175° vorheizen. Das Backblech mit Backpapier auslegen und mit Mandeln bestreuen.

2. Die Sahne mit 1 Becher Zucker, den Eiern und dem mit dem Backpulver gemischten Mehl verquirlen, auf das Backblech streichen und im Backofen (Mitte) etwa 10 Minuten backen. Den Backofen nicht ausschalten.

3. Die Butter zerlassen und mit dem zweiten Becher Zucker, der Kondensmilch und den Mandelblättchen mischen. Die Masse auf dem Kuchen verteilen und im Backofen (Mitte) etwa 15 Minuten überbacken.

Bienenstich

Zutaten für ein Backblech:
Für den Teig:
1 Würfel Hefe (42 g)
50 g Zucker
gut 1/4 l lauwarme Milch
500 g Mehl
50 g weiche Butter
2 Eier
Für die Mandelkruste:
125 g Butter
150 g Zucker
200 g feine Mandelstifte
Für die Creme:
4 Blätter Gelatine
1 Ei
Salz
200 ccm Milch
100 g Sahne
100 g Puderzucker
1 Teel. gemahlene Vanille
50 g Speisestärke
Für das Blech: Butter

Braucht etwas Zeit

Bei 12 Stück pro Stück etwa:
2300 kJ/550 kcal
12 g Eiweiß · 27 g Fett
64 g Kohlenhydrate

- Zubereitungszeit: etwa
  2 Stunden (davon
  1 Stunde Ruhezeit und
  30 Minuten Backzeit)

1. Für den Teig die Hefe zerbröckeln, mit etwas Zucker und Milch verrühren und zugedeckt an einem warmen Ort 15–20 Minuten gehen lassen.

2. Das Mehl mit der restlichen Milch, dem übrigen Zucker, der Butter, den Eiern und dem Hefeansatz verrühren und den Teig schlagen, bis er Blasen

wirft. Zugedeckt mindestens 30 Minuten gehen lassen.

3. Für die Kruste die Butter zerlassen und mit dem Zucker und den Mandelstiften mischen. Das Backblech fetten und den Teig darauf ausrollen. Die Mandelmasse darauf streichen und den Kuchen etwa 15 Minuten gehen lassen.

4. Inzwischen den Backofen auf 200° vorheizen. Den Kuchen in der Mitte in etwa 30 Minuten goldbraun backen. Abkühlen lassen.

5. Inzwischen für die Creme die Gelatine in reichlich kaltem Wasser einweichen. Das Ei trennen und das Eiweiß mit 1 Prise Salz steif schlagen.

6. Die Milch mit der Sahne, dem Puderzucker, der Vanille und der kalt angerührten Speisestärke unter Umrühren einmal kräftig aufkochen. Die Gelatine ausdrücken. Die Creme vom Herd nehmen, die Gelatine darin auflösen und abkühlen lassen. Das Eigelb unterrühren und den Eischnee unterheben.

7. Den Bienenstich halbieren und beide Platten quer durchschneiden. Die Creme auf die unteren Platten streichen und die oberen darauf setzen.

Bild oben: Mandelkuchen
Bild unten: Bienenstich

Streuselkuchen

Streuselkuchen ist ein sehr beliebter »Kuchenklassiker«. Sie können ihn noch verfeinern, indem Sie den Teig mit Johannisbeerkonfitüre bestreichen und dann die Streusel darauf streuen.

Zutaten für ein Backblech:
Für den Teig:
250 g Mehl
1/2 Würfel Hefe (20 g)
1 Eßl. Zucker
knapp 1/8 l lauwarme Milch
2 Eigelb
Salz
50 g weiche Butter
Für den Belag:
200 g Mehl
50 g gemahlene Mandeln
200 g Zucker
150 g weiche Butter
Für das Blech: Backpapier

Braucht etwas Zeit

Bei 12 Stück pro Stück etwa:
1800 kJ/430 kcal
6 g Eiweiß · 25 g Fett
47 g Kohlenhydrate

- Zubereitungszeit: etwa 2 1/4 Stunden (davon 1 Stunde 10 Minuten Ruhezeit und 20–25 Minuten Backzeit)

1. Für den Teig das Mehl in eine Schüssel schütten. In einer Mulde aus der zerbröckelten Hefe, etwas Zucker, Milch und Mehl einen Vorteig rühren und etwa 20 Minuten gehen lassen. Dann alle Zutaten für den Teig verkneten. Den Teig zugedeckt etwa 30 Minuten gehen lassen.

2. Das Backblech mit Backpapier auslegen. Den Teig auf der leicht bemehlten Arbeitsfläche oder einem Küchentuch in Größe des Blechs ausrollen und auf das Blech legen. Noch einmal etwa 20 Minuten gehen lassen.

3. Den Backofen auf 190° vorheizen. Für den Belag das Mehl, die Mandeln, den Zucker und die Butter vermengen und mit den Fingerspitzen zu Streuseln verarbeiten.

4. Die Streusel auf den Teig streuen und den Kuchen im Backofen (Mitte) in 20–25 Minuten goldgelb backen.

EINFACH VOM BLECH

EINFACH VOM BLECH

Gemischter Nußkuchen

Den Kuchen sollten Sie in möglichst kleinen Stücken servieren, denn er ist sehr gehaltvoll!

Zutaten für ein Backblech:
Für den Teig:
350 g Mehl
1/2 Päckchen Backpulver
6 Eßl. Öl
4–5 Eßl. Milch
50 g Zucker
200 g gut abgetropfter Schichtkäse
Für den Belag:
100 g Butter
250 g Zucker
200 g Sahne
je 150 g gehackte Haselnüsse,
Mandeln und Walnüsse
100 g sehr fein gehacktes Orangeat
Für das Blech: Butter

Raffiniert

Bei 16 Stück pro Stück etwa:
2100 kJ/500 kcal
9 g Eiweiß · 36 g Fett
43 g Kohlenhydrate

- Zubereitungszeit: etwa
  1 1/2 Stunden (davon
  30–35 Minuten Backzeit)

1. Das Backblech fetten. Den Backofen auf 200° vorheizen.

2. Für den Teig das Mehl mit dem Backpulver mischen, auf eine Arbeitsplatte schütten und eine Mulde hineindrücken. Das Öl und die Milch in die Mulde geben, den Zucker darüber streuen und alles verkneten, dabei löffelweise den Schichtkäse unterarbeiten. Eventuell noch etwas Milch dazukneten.

3. Den Teig auf der bemehlten Arbeitsfläche in Größe des Backblechs ausrollen und auf das Blech legen.

4. Für den Belag die Butter in einem Topf zerlassen, den Zucker unter Umrühren darin karamelisieren (braun werden) lassen, die Sahne hinzufügen und etwa 5 Minuten bei schwacher Hitze kochen. Die Nüsse und das Orangeat dazurühren, etwa 5 Minuten leicht kochen und abkühlen lassen.

5. Die Nußmasse auf den Kuchenboden streichen und diesen im Backofen (Mitte) 30–35 Minuten backen.

Marzipan-Kokos-Kuchen

Kuchen aus Quark-Öl-Teig sollten Sie am Backtag verzehren.

Zutaten für ein Backblech:
Für den Teig:
350 g Mehl
1/2 Päckchen Backpulver
6 Eßl. Öl
4–5 Eßl. Milch
50 g Zucker
200 g gut abgetropfter
Schichtkäse
Für den Belag:
200 g Marzipan-Rohmasse
200 g Butter
200 g Crème fraîche
200 g Zucker
2 Eßl. Vanillezucker
300 g Kokosflocken
Für das Blech: Butter

Exklusiv

Bei 20 Stück pro Stück etwa:
1600 kJ/380 kcal
5 g Eiweiß · 23 g Fett
42 g Kohlenhydrate

- Zubereitungszeit: etwa
  1 1/2 Stunden (davon
  30 Minuten Backzeit)

1. Das Backblech fetten. Den Backofen auf 200° vorheizen.

2. Das Mehl mit dem Backpulver, dem Öl, der Milch und dem Zucker verkneten, dabei löffelweise den Schichtkäse unterarbeiten.

3. Den Teig auf dem Backblech verteilen und im Backofen (Mitte) etwa 15 Minuten backen. Den Backofen nicht ausschalten.

4. Das Marzipan würfeln. Die Butter mit der Crème fraîche, dem Zucker und dem Vanillezucker aufkochen, vom Herd nehmen und das Marzipan unterrühren, bis es sich völlig aufgelöst hat.

5. Die Kokosflocken unter die Buttermasse rühren, den Kuchen damit bestreichen und in weiteren 15 Minuten fertig backen.

Im Bild vorne:
Gemischter Nußkuchen
Im Bild hinten:
Marzipan-Kokos-Kuchen

EINFACH VOM BLECH

EINFACH VOM BLECH

Mandelkuchen

Das Maß für diesen Kuchen ist der Sahnebecher.

Zutaten für ein Backblech:
1 Becher Sahne (200 g)
2 Becher Zucker
3 Eier
2 Becher Mehl
1 Päckchen Backpulver
200 g Butter
4 Eßl. Kondensmilch
125 g Mandelblättchen
Für das Blech: Backpapier und
gemahlene Mandeln

Gelingt leicht

Bei 12 Stück pro Stück etwa:
2000 kJ/480 kcal
7 g Eiweiß · 27 g Fett
53 g Kohlenhydrate

- Zubereitungszeit:
  etwa 1 Stunde (davon
  25 Minuten Backzeit)

1. Den Backofen auf 175° vorheizen. Das Backblech mit Backpapier auslegen und mit Mandeln bestreuen.

2. Die Sahne mit 1 Becher Zucker, den Eiern und dem mit dem Backpulver gemischten Mehl verquirlen, auf das Backblech streichen und im Backofen (Mitte) etwa 10 Minuten backen. Den Backofen nicht ausschalten.

3. Die Butter zerlassen und mit dem zweiten Becher Zucker, der Kondensmilch und den Mandelblättchen mischen. Die Masse auf dem Kuchen verteilen und im Backofen (Mitte) etwa 15 Minuten überbacken.

Bienenstich

Zutaten für ein Backblech:
Für den Teig:
1 Würfel Hefe (42 g)
50 g Zucker
gut 1/4 l lauwarme Milch
500 g Mehl
50 g weiche Butter
2 Eier
Für die Mandelkruste:
125 g Butter
150 g Zucker
200 g feine Mandelstifte
Für die Creme:
4 Blätter Gelatine
1 Ei
Salz
200 ccm Milch
100 g Sahne
100 g Puderzucker
1 Teel. gemahlene Vanille
50 g Speisestärke
Für das Blech: Butter

Braucht etwas Zeit

Bei 12 Stück pro Stück etwa:
2300 kJ/550 kcal
12 g Eiweiß · 27 g Fett
64 g Kohlenhydrate

- Zubereitungszeit: etwa
  2 Stunden (davon
  1 Stunde Ruhezeit und
  30 Minuten Backzeit)

1. Für den Teig die Hefe zerbröckeln, mit etwas Zucker und Milch verrühren und zugedeckt an einem warmen Ort 15–20 Minuten gehen lassen.

2. Das Mehl mit der restlichen Milch, dem übrigen Zucker, der Butter, den Eiern und dem Hefeansatz verrühren und den Teig schlagen, bis er Blasen

wirft. Zugedeckt mindestens 30 Minuten gehen lassen.

3. Für die Kruste die Butter zerlassen und mit dem Zucker und den Mandelstiften mischen. Das Backblech fetten und den Teig darauf ausrollen. Die Mandelmasse darauf streichen und den Kuchen etwa 15 Minuten gehen lassen.

4. Inzwischen den Backofen auf 200° vorheizen. Den Kuchen in der Mitte in etwa 30 Minuten goldbraun backen. Abkühlen lassen.

5. Inzwischen für die Creme die Gelatine in reichlich kaltem Wasser einweichen. Das Ei trennen und das Eiweiß mit 1 Prise Salz steif schlagen.

6. Die Milch mit der Sahne, dem Puderzucker, der Vanille und der kalt angerührten Speisestärke unter Umrühren einmal kräftig aufkochen. Die Gelatine ausdrücken. Die Creme vom Herd nehmen, die Gelatine darin auflösen und abkühlen lassen. Das Eigelb unterrühren und den Eischnee unterheben.

7. Den Bienenstich halbieren und beide Platten quer durchschneiden. Die Creme auf die unteren Platten streichen und die oberen darauf setzen.

Bild oben: Mandelkuchen
Bild unten: Bienenstich

EINFACH VOM BLECH

EINFACH VOM BLECH

Schneller Rahmkuchen

Ein einfacher Kuchen, der aber nicht in einem Herd mit ausziehbarem Backwagen gelingt, weil darin das Backblech leicht schräg liegt.

Zutaten für ein Backblech:
Für den Teig:
250 g Mehl
1/2 Würfel Hefe (20 g)
1 Eßl. Zucker
knapp 1/8 l lauwarme Milch
2 Eigelb
Salz
50 g weiche Butter
Für den Belag:
50 g Mehl
200 g Sahne
100 ccm Milch
3 Eigelb
100 g Zucker
1 Teel. gemahlener Zimt
Für das Blech: Butter

Preiswert

Bei 16 Stück pro Stück etwa:
770 kJ / 180 kcal
4 g Eiweiß · 9 g Fett
21 g Kohlenhydrate

- Zubereitungszeit: etwa
  1 3/4 Stunden (davon
  50 Minuten Ruhezeit und
  25 Minuten Backzeit)

1. Für den Teig das Mehl in eine Schüssel schütten. In einer Mulde aus der zerbröckelten Hefe, etwas Zucker, Milch und Mehl einen Ansatz bereiten und etwa 20 Minuten gehen lassen. Dann die restlichen Zutaten mit dem Vorteig und dem Mehl verkneten. Zugedeckt etwa 20 Minuten gehen lassen.

2. Den Backofen auf 210° vorheizen. Das Backblech fetten. Den gegangenen Hefeteig dünn ausrollen, auf das Blech legen und rundherum einen etwa 3 cm hohen Rand formen. Den Teig zugedeckt gehen lassen, bis der Belag fertig ist.

3. Für den Belag das Mehl mit wenig kaltem Wasser glattrühren und mit der Sahne, der Milch, den Eigelben und dem mit dem Zucker gemischten Zimt verquirlen.

4. Den Belag auf den Kuchen träufeln und diesen im Backofen (Mitte) in etwa 25 Minuten goldgelb backen.

Biskuitroulade

Zutaten für 1 Roulade:
Für das Biskuit:
4 Eiweiß
200 g Puderzucker
1 Prise Salz
1 Eßl. Vanillezucker
8 Eigelb
je 50 g Mehl und Speisestärke
Für die Füllung:
250 g Sahne
abgeriebene Schale von
1/2 unbehandelten Orange
2 Eßl. frisch gepreßter Orangensaft
2 Eßl. Orangenmarmelade
Zum Bestäuben:
2 Eßl. Puderzucker
Für das Blech: Backpapier

Schnell

Bei 8 Stück pro Stück etwa:
1400 kJ / 330 kcal
6 g Eiweiß · 16 g Fett
43 g Kohlenhydrate

- Zubereitungszeit: etwa
  40 Minuten

1. Den Backofen auf 210° vorheizen. Das Backblech mit Backpapier auslegen.

2. Für das Biskuit die Eiweiße mit 100 g Puderzucker, dem Salz und dem Vanillezucker schnittfest schlagen.

3. Die Eigelbe unterziehen. Die mit dem Mehl gemischte Speisestärke locker mit dem Schneebesen untermengen.

4. Den Teig gleichmäßig auf das Backblech streichen und im Backofen (Mitte) etwa 10 Minuten backen.

5. Ein Küchentuch mit Zucker bestreuen und die noch heiße Biskuitplatte darauf stürzen. Das Backpapier abziehen. Mit einem kalten, feuchten Küchentuch bedecken.

6. Für die Füllung die Sahne steif schlagen und mit dem restlichen Puderzucker, der Orangenschale, dem -saft und der Marmelade verrühren.

7. Das feuchte Tuch entfernen. Die Sahne auf das Biskuit streichen und dieses mit Hilfe des darunterliegenden Tuches aufrollen. Die Roulade mit dem Puderzucker bestäuben.

Im Bild vorne: Biskuitroulade
Im Bild hinten: Schneller Rahmkuchen

EINFACH VOM BLECH

Feiner Rührkuchen

Dieser Kuchen zergeht auf der Zunge, hält sich in Folie einige Tage frisch und schmeckt selbst Leuten, die grundsätzlich keinen Kuchen mögen.

Zutaten für eine Kastenform von 26 cm Länge:
5 Eiweiß
Salz
250 g Butter
5 Eigelb
250 g Puderzucker
abgeriebene Schale und Saft von 1 unbehandelten Zitrone
200 g Mehl
Für die Form:
Back- oder Pergamentpapier

Für Gäste

Bei 20 Stück pro Stück etwa:
840 kJ/200 kcal
3 g Eiweiß · 12 g Fett
20 g Kohlenhydrate

- Zubereitungszeit: etwa 2 Stunden (davon 1 1/2 Stunden Backzeit)

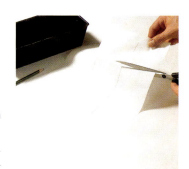

1. Die Kastenform mit Back- oder Pergamentpapier auslegen. Hierfür den Boden und die Seitenwände auf dem Papier markieren. Die vier Ecken bis zum Boden einschneiden, das Papier in die Form legen und die überstehenden Spitzen an den Ecken übereinanderschieben. Den Backofen auf 180° vorheizen.

2. Die Eiweiße mit 1 Prise Salz zu steifem Schnee schlagen. Wenn Sie den Schneebesen nach oben halten, muß eine Spitze vom Schnee senkrecht stehen bleiben. Die Butter bei schwacher Hitze zerlassen und etwas abkühlen lassen.

3. Die Eigelbe mit dem Puderzucker, der Zitronenschale, dem -saft und dem Mehl verrühren und nach und nach die flüssige Butter darunterziehen. Zuletzt den Eischnee unter den Teig heben.

4. Den Teig in die Form füllen und im Backofen (Mitte) etwa 1 1/2 Stunden backen. Nach etwa 1 Stunde schon einmal die Garprobe machen. Wenn der Kuchen noch länger braucht, darauf achten, daß er nicht zu dunkel wird; eventuell mit Pergamentpapier bedecken.

Lime Pie

Das Rezept stammt aus den USA. Lime heißt auf Deutsch Limette. Also eine Pie mit raffinierter Geschmacksnote. Sie gelingt nur mit der dickflüssigen, gezuckerten Kondensmilch »Milchmädchen«.
Sie können die Pie auch gut mit Eierlikör statt der Kondensmilch zubereiten.

Zutaten für eine Springform von 24 cm Ø:
Für den Mürbeteig:
200 g Mehl
75 g Zucker
125 g Butter
eventuell 1–3 EBl. kaltes Wasser
Für die Füllung:
3 Eier
150 ml gezuckerte Kondensmilch (»Milchmädchen«; in Delikateßgeschäften)
4 EBl. frisch gepreßter Limettensaft (oder 6 EBl. Zitronensaft)
abgeriebene Schale von 1 unbehandelten Limette (oder Zitrone)
4 EBl. gesiebter Puderzucker

**Raffiniert
Spezialität aus USA**

Bei 12 Stück pro Stück etwa:
1000 kJ/242 kcal
5 g Eiweiß · 12 g Fett
28 g Kohlenhydrate

- Zubereitungszeit: etwa 2 Stunden (davon 30 Minuten Backzeit und 1 Stunde Kühlzeit)

1. Den Backofen auf 220° vorheizen. Für den Teig das Mehl mit dem Zucker und der in Stückchen geschnittenen Butter verkneten und bei Bedarf etwas Wasser dazugeben. Den Teig in die Form geben, mit den Fingerspitzen glattdrücken und einen kleinen Rand formen.

2. Den Boden im Backofen (Mitte) etwa 10 Minuten vorbacken. Für den Belag 2 Eier trennen. Die Eiweiße in den Kühlschrank stellen. Das dritte Ei, die Eigelbe, die Kondensmilch, den Limettensaft und die -schale verrühren und auf den Teigboden füllen. Etwa 5 Minuten im Backofen (Mitte) stocken lassen.

3. Die Eiweiße steif schlagen, dabei nach und nach den Puderzucker einrieseln lassen und weiterschlagen, bis der Eischnee glänzt. Den Schnee auf die Füllung streichen und den Kuchen im Backofen (Mitte) etwa 15 Minuten backen.

4. Den Kuchen in der Form einige Minuten ruhen lassen, dann auf ein Kuchengitter geben und mindestens 1 Stunde in den Kühlschrank stellen. Kalt servieren. Die Pie schmeckt frisch am besten.

KÖSTLICHES AUS DER FORM

Mandel-Sandkuchen

Zutaten für eine Kastenform
von 28 cm Länge:
4 Eier
Salz
250 g weiche Butter
250 g Zucker
100 g gemahlene Mandeln
100 g Speisestärke
200 g Mehl
Für die Form: Butter und gemahlene Mandeln

Gelingt leicht

Bei 12 Stück pro Stück etwa:
1700 kJ/400 kcal
6 g Eiweiß · 24 g Fett
41g Kohlenhydrate

- Zubereitungszeit: etwa
  1 3/4 Stunden (davon
  1 Stunde Backzeit)

1. Die Eier trennen. Die Eiweiße mit 1 Prise Salz zu steifem Schnee schlagen und in den Kühlschrank stellen.

2. Die Form fetten und mit Mandeln ausstreuen. Den Backofen auf 170° vorheizen.

3. Die Butter mit dem Zucker schaumig rühren und nach und nach die Eigelbe untermischen. Die Mandeln und löffelweise das mit der Speisestärke gemischte Mehl unterrühren.

4. Den Eischnee unter den Teig heben, diesen in die Form füllen und im Backofen (Mitte) etwa 1 Stunde backen.

5. Den Kuchen auf einem Kuchengitter abkühlen lassen und nach Belieben mit Puderzucker besieben.

Schwarzweiß-Kuchen

Zutaten für eine Springform
von 24 cm Ø:
Für den Teig:
400 g Mehl
150 g Zucker
200 g Butter
2 Eiweiß
Salz
4 EBl. Schokoladenpulver
Für die Füllung:
2 Eier
500 g Speisequark
150 g Puderzucker
2 Eigelb
3 EBl. Vanillezucker
100 g Grieß
Salz
Für die Form:
Butter und Grieß

Raffiniert

Bei 12 Stück pro Stück etwa:
2100 kJ/500 kcal
14 g Eiweiß · 19 g Fett
67 g Kohlenhydrate

- Zubereitungszeit: etwa
  1 Stunde 50 Minuten (davon
  1 Stunde Backzeit)

1. Für den Teig aus dem Mehl, dem Zucker, der in Stückchen geschnittenen Butter, den Eiweißen und 1 Prise Salz einen Mürbeteig kneten. Den Teig halbieren und eine Hälfte mit dem Schokoladenpulver verkneten und zu Streuseln verarbeiten.

2. Die Form fetten und mit Grieß ausstreuen. Den Backofen auf 180° vorheizen. Den hellen Teig auf der bemehlten Arbeitsfläche ausrollen und den Boden und den Rand der Form damit auslegen.

3. Für die Füllung die Eier trennen. Den Quark, den Zucker, die 4 Eigelb und den Vanillezucker verrühren und den Grieß untermischen. Die 2 Eiweiß mit 1 Prise Salz steif schlagen, unterheben und die Masse in die Form füllen.

4. Die Streusel über die Füllung streuen und den Kuchen im Backofen (Mitte) etwa 1 Stunde backen; nach etwa 40 Minuten mit Alufolie bedecken. Nach Belieben den Kuchen mit Puderzucker bestäuben.

Im Bild vorne: Mandel-Sandkuchen
Im Bild hinten: Schwarzweiß-Kuchen

KÖSTLICHES AUS DER FORM

KÖSTLICHES AUS DER FORM

Eierschecke

Zutaten für eine Springform von
26 cm Ø:
Für den Mürbeteig:
160 g Mehl
80 g Butter in Flocken
50 g Zucker
1 Prise Salz
1 Eiweiß
Für die Füllung:
200 g Magerquark
1 Ei
2 Eßl. Zucker
1 Prise Salz
etwas Milch
Für den Belag:
1 Päckchen Vanille-Puddingpulver
1/2 l Milch
200 g Zucker
5 Eier
200 g Butter in Stücken
Für die Form: Backpapier

Spezialität aus Dresden

Bei 10 Stück pro Stück etwa:
2000 kJ/480 kcal
11 g Eiweiß · 29 g Fett
42 g Kohlenhydrate

- Zubereitungszeit: etwa
  2 1/4 Stunden (davon
  1 Stunde 20 Minuten Backzeit)

1. Für den Teig das Mehl, die
Butter, den Zucker, das Salz
und das Eiweiß verkneten.

2. Die Form mit Backpapier
auslegen und das Papier dabei
in den Rand einklemmen. Den
Boden der Form dünn mit dem
Teig auslegen.

3. Für die Füllung den Quark
mit dem Ei, dem Zucker, Salz
und so viel Milch verrühren,
daß eine zähflüssige Masse

entsteht. Diese auf den Teigboden streichen.

4. Den Backofen auf 190°
vorheizen. Für den Belag das
Puddingpulver mit wenig kalter
Milch glattrühren. Die übrige
Milch zum Kochen bringen, das
Puddingpulver und den Zucker
hineinrühren, aufkochen und
etwas abkühlen lassen.

5. Die Eier trennen und die Eigelbe mit der Butter nach und
nach unter den Pudding rühren.
Die Eiweiße steif schlagen,
unterheben und die Creme auf
den Quark streichen.

6. Den Kuchen im Backofen
(Mitte) in etwa 1 Stunde und
20 Minuten goldgelb backen.
Nach etwa 40 Minuten auf
160° schalten und den Kuchen
abdecken.

Margareten-kuchen

Zutaten für eine Margareten- oder
Springform von 26 cm Ø:
200 g weiche Butter
100 g Marzipan-Rohmasse
6 Eier
abgeriebene Schale von
1 unbehandelten Zitrone
Mark von 1/2 Vanilleschote
Salz
150 g Zucker
120 g Mehl
80 g Speisestärke
100 g Aprikosenkonfitüre
100 g Puderzucker
1 Eßl. Zitronensaft
3 Eßl. Arrak nach Belieben
Für die Form: Butter und gemahlene
Mandeln

Etwas teurer

Bei 14 Stück pro Stück etwa:
1300 kJ/310 kcal
5 g Eiweiß · 16 g Fett
37 g Kohlenhydrate

- Zubereitungszeit:
  1 1/4 – 1 1/2 Stunden (davon
  45–60 Minuten Backzeit)

1. Die Form fetten und ausstreuen. Den Backofen auf
190° vorheizen. ~~180°~~ 155° Reißluft

2. Die Butter mit der Marzipan-
Rohmasse schaumig rühren. Die
Eier trennen. Die Eigelbe mit
der Zitronenschale und dem
Vanillemark unterrühren.

3. Die Eiweiße mit 1 Prise Salz
flaumig schlagen, den Zucker
einrieseln lassen und weiter
schlagen, bis der Eischnee steif
ist und glänzt, dann unter die
Buttermasse heben.

4. Das Mehl mit der Speisestärke mischen, darüber sieben
und rasch unterheben. Den
Teig in die Form füllen und im
Backofen (Mitte) 45–60 Minuten backen. Auf ein Kuchengitter stürzen.

5. Die Konfitüre erhitzen, den
Kuchen damit bestreichen und
auskühlen lasssen. Den Puderzucker mit dem Zitronensaft,
1 Eßlöffel Wasser und dem
Arrak (oder insgesamt 4 Eßlöffeln Wasser) verrühren und auf
den Kuchen streichen.

Im Bild vorne: Margaretenkuchen
Im Bild hinten: Eierschecke

24

KÖSTLICHES AUS DER FORM

KÖSTLICHES AUS DER FORM

Gugelhupf

Zutaten für eine Gugelhupf-Form:

100 g Rosinen

100 g Korinthen

500 g Mehl

1 Würfel Hefe (42 g)

150 g Zucker

1/8 l lauwarme Milch

375 g Butter

5 Eier

Salz

abgeriebene Schale von

1 unbehandelten Zitrone

50 g feingehacktes Zitronat

3 Eßl. Puderzucker

Für die Form: Butter

Braucht etwas Zeit

Bei 16 Stück pro Stück etwa:
1700 kJ/400 kcal
7 g Eiweiß · 24 g Fett
44 g Kohlenhydrate

- Zubereitungszeit: etwa
  2 1/2 Stunden (davon
  1 Stunde Ruhezeit und
  1 Stunde Backzeit)

1. Die Rosinen und die Korinthen heiß waschen und auf einem Tuch abtropfen lassen.
Vom Mehl 2 Eßlöffel abnehmen. Das restliche Mehl in eine
Schüssel schütten, eine Mulde
hineindrücken und die Hefe
hineinbröckeln. Die Hefe mit
1 Teelöffel Zucker, der Hälfte
der Milch und etwas Mehl
verrühren und zugedeckt an einem warmen Ort etwa 25 Minuten gehen lassen.

2. 350 g Butter zerlassen, mit
dem restlichen Zucker, der übrigen Milch, den Eiern, 1 Prise
Salz und der Zitronenschale

verrühren und mit dem Hefevorteig und dem gesamten Mehl
mischen.

3. Den Teig kneten und schlagen, bis er Blasen wirft. Die
Korinthen, die Rosinen und das
Zitronat mit dem zurückbehaltenen Mehl mischen und unter
den Teig arbeiten.

4. Die Form gut fetten. Den
Teig einfüllen und zugedeckt
etwa 35 Minuten gehen lassen, bis er sein Volumen fast
verdoppelt hat. Den Backofen
auf 180° vorheizen.

5. Den Gugelhupf im Backofen
(Mitte) etwa 1 Stunde backen
und auf ein Kuchengitter stürzen. Die übrige Butter zerlassen, den Kuchen damit bestreichen und mit dem Puderzucker
besieben.

Rotwein-kuchen

Zutaten für eine Gugelhupf-Form:

4 Eier

Salz

200 g weiche Butter

200 g Zucker

2 Eßl. Vanillezucker

1 Päckchen Backpulver

250 g Mehl

1/8 l trockener Rotwein

1 Teel. Kakaopulver

2 Eßl. Rum

100 g Schokoladenstreusel

Für die Form: Butter und

Zwiebackbrösel

Gelingt leicht

Bei 14 Stück pro Stück etwa:
1300 kJ/310 kcal
5 g Eiweiß · 16 g Fett
33 g Kohlenhydrate

- Zubereitungszeit: etwa
  1 Stunde 50 Minuten (davon
  1 Stunde 20 Minuten Backzeit)

1. Die Eier trennen. Die Eiweiße mit 1 Prise Salz zu steifem
Schnee schlagen.

2. Die Form fetten und mit den
Bröseln ausstreuen. Den Backofen auf 180° vorheizen.

3. Die Butter mit dem Zucker
schaumig rühren, die Eigelbe
und den Vanillezucker unterziehen und das mit dem Backpulver gemischte Mehl ein-
rühren.

4. Nach und nach den Rotwein mit dem Kakaopulver,
dem Rum und den Schokola-
denstreuseln in den Teig mischen und zuletzt den Eischnee
mit einem Rührlöffel darunter-
heben.

5. Den Teig in die Form füllen
und im Backofen etwa 1 Stunde und 20 Minuten backen.

Im Bild vorne: Rotweinkuchen
Im Bild hinten: Gugelhupf

KÖSTLICHES AUS DER FORM

KÖSTLICHES AUS DER FORM

Marmor-kuchen

Zutaten für eine Gugelhupf-Form:

2 Eßl. Kakaopulver

180 g Puderzucker

3 Eßl. Vanillezucker

1 Teel. Zimtpulver

1 Eßl. fein gemahlener Kaffee

4 Eßl. Rum nach Belieben

50 g fein gemahlene Mandeln

250 g weiche Butter

200 g Zucker

3 Eier

4 Eigelb

250 g Mehl

2 Teel. Backpulver

Für die Form: Butter

Gelingt leicht

Bei 16 Stück pro Stück etwa:
1400 kJ/330 kcal
5 g Eiweiß · 18 g Fett
38 g Kohlenhydrate

- Zubereitungszeit: etwa
  3 3/4 Stunden (davon
  2 Stunden Kühlzeit und
  1 Stunde Backzeit)

1. Das Kakaopulver mit 3 Eßlöffeln Puderzucker, 1 Eßlöffel Vanillezucker, dem Zimt, dem Kaffee, 2 Eßlöffeln Rum und den Mandeln verrühren und zugedeckt etwa 2 Stunden in den Kühlschrank stellen.

2. Die Form gut fetten. Den Backofen auf 190° vorheizen.

3. Die Butter mit dem Zucker schaumig rühren, nach und nach die ganzen Eier, die Eigelbe und den restlichen Vanillezucker untermischen. Das Mehl mit dem Backpulver

mischen und löffelweise unter die Masse rühren.

4. Knapp ein Drittel des Teigs abnehmen und mit der dunklen Mischung aus dem Kühlschrank verrühren. Beide Teige schichtweise in die Form füllen. Einen Löffelstiel durch den Teig ziehen, so daß sich die Schichten etwas mischen und den Kuchen im Backofen (Mitte) etwa 1 Stunde backen.

5. Den fertigen Kuchen auf ein Kuchengitter stürzen und abkühlen lassen. Den übrigen Puderzucker mit dem restlichen Rum (oder 2 Eßlöffeln Wasser) und so viel Wasser verrühren, daß eine zähflüssige Masse entsteht. Den Kuchen mit der Glasur bestreichen.

Orangen-Nuß-Kuchen

Zutaten für eine Kastenform

von 26 cm Länge:

3 Eier

Salz

200 g weiche Butter

250 g Zucker

250 g gemahlene Haselnüsse

3–4 Eßl. Milch

50 g feingehacktes Orangeat

2 Teel. Backpulver

250 g Mehl

4 Eßl. Orangenmarmelade

100 g Puderzucker

2–3 Eßl. frisch gepreßter Orangensaft

Für die Form: Butter und gemahlene Haselnüsse

Gelingt leicht

Bei 12 Stück pro Stück etwa:
2100 kJ/500 kcal
7 g Eiweiß · 31 g Fett
53 g Kohlenhydrate

- Zubereitungszeit: etwa
  1 3/4 Stunden (davon
  1 Stunde Backzeit)

1. Die Eier trennen. Die Eiweiße mit 1 Prise Salz steif schlagen und in den Kühlschrank stellen.

2. Die Form fetten und ausstreuen. Den Backofen auf 170° vorheizen.

3. Die Butter mit dem Zucker schaumig rühren, nach und nach die Eigelbe untermischen, die Nüsse, die Milch und das Orangeat und das mit dem Backpulver gemischte Mehl unterrühren.

4. Den Eischnee unter den Teig heben, diesen in die Form füllen und im Backofen (Mitte) etwa 1 Stunde backen. Den Kuchen auf einem Kuchengitter abkühlen lassen.

5. Die Marmelade erhitzen, durch ein Sieb streichen und den Kuchen damit überziehen. Den Puderzucker mit so viel Orangensaft verrühren, daß eine zähflüssige Glasur entsteht. Die Glasur auf die getrocknete Marmelade streichen.

Bild oben: Marmorkuchen
Bild unten: Orangen-Nuß-Kuchen

KÖSTLICHES AUS DER FORM

KÖSTLICHES AUS DER FORM

Käsekuchen mit Korinthen

Zutaten für eine Springform von
28 cm Ø:
Für den Teig:
120 g Butter
80 g Zucker
240 g Mehl
Für den Belag:
100 g Korinthen
2 Eßl. Orangenlikör
(oder Orangensaft)
3 Eier
Salz
80 g weiche Butter
120 g Zucker
3 Eßl. Mehl
500 g Speisequark
knapp 250 g saure Sahne
Für die Form: Butter

Raffiniert

Bei 10 Stück pro Stück etwa:
2000 kJ/480 kcal
12 g Eiweiß · 24 g Fett
50 g Kohlenhydrate

- Zubereitungszeit: etwa
  2 Stunden (davon
  1 Stunde Backzeit)

1. Für den Teig die Butter in Flöckchen schneiden und mit dem Zucker und dem Mehl verkneten; wenn nötig 1–2 Eßlöffel kaltes Wasser dazugeben. Den Teig zugedeckt in den Kühlschrank stellen.

2. Den Backofen auf 200° vorheizen. Die Form fetten.

3. Die Korinthen heiß waschen, trockentupfen, in einem Schüsselchen mit dem Likör beträufeln und quellen lassen.

4. Die Eier trennen und die Eiweiße mit 1 Prise Salz steif schlagen.

5. Die Eigelbe mit der Butter und dem Zucker schaumig rühren. Das Mehl, den Quark, die saure Sahne und die Korinthen untermischen und den Eischnee unterheben.

6. Den Mürbeteig in die Form drücken und einen Rand formen. Die Quarkmasse einfüllen und den Kuchen im Backofen (Mitte) etwa 1 Stunde backen; gegen Ende der Backzeit eventuell die Oberfläche mit Pergamentpapier bedecken.

Käsekuchen ohne Boden

Eine besonders zartcremige Variante des Käsekuchens.

Zutaten für eine Springform von
28 cm Ø:
750 g Magerquark
6 Eier
Salz
125 g weiche Butter
250 g Zucker
2 Eßl. Vanillezucker
500 g Mascarpone
1 Päckchen Vanille-Puddingpulver
4 gehäufte Eßl. Grieß
Für die Form: Butter und Grieß

Braucht etwas Zeit
Exklusiv

Bei 10 Stück pro Stück etwa:
2100 kJ/500 kcal
20 g Eiweiß · 30 g Fett
38 g Kohlenhydrate

- Zeit zum Auspressen:
  12 Stunden
- Zubereitungszeit: etwa
  2 Stunden (davon
  1 1/2 Stunden Backzeit)

1. Den Quark in ein Tuch hüllen, in ein Sieb legen und dieses in eine Schüssel einhängen. Den Quark mit einem Teller und diesen mit einem gefüllten Glas oder einer Konservendose beschweren und am besten über Nacht im Kühlschrank abtropfen lassen.

2. Den Backofen auf 180° vorheizen. Die Form fetten und mit Grieß ausstreuen.

3. Die Eier trennen. Die Eiweiße mit 1 Prise Salz zu steifem Schnee schlagen.

4. Die Eigelbe mit der Butter, dem Zucker und dem Vanillezucker verrühren. Den Quark, den Mascarpone, das Puddingpulver und den Grieß untermischen und den Eischnee unterheben.

5. Die Masse in die Form füllen und im Backofen (Mitte) etwa 1 1/2 Stunden backen. Gegen Ende der Backzeit eventuell mit Pergamentpapier bedecken.

Im Bild vorne:
Käsekuchen ohne Boden
Im Bild hinten:
Käsekuchen mit Korinthen

KÖSTLICHES AUS DER FORM

KÖSTLICHES AUS DER FORM

Königskuchen

Zutaten für eine Kastenform von
28 cm Länge:
125 g Korinthen
2 Eßl. Rum (oder Obstsaft)
250 g weiche Butter
250 g Zucker
6 Eier
50 g geschälte gemahlene Mandeln
4 bittere gemahlene Mandeln
Salz
50 g sehr klein gehacktes Zitronat
175 g Mehl
75 g Speisestärke
Zum Bestäuben:
2 Eßl. Puderzucker
Für die Form: Butter und gemahlene
Mandeln

Für Gäste

Bei 14 Stück pro Stück etwa:
1600 kJ/380 kcal
5 g Eiweiß · 22 g Fett
42 g Kohlenhydrate

- Zubereitungszeit:
  2–2 1/2 Stunden (davon
  1–1 1/2 Stunden Backzeit)

1. Die Korinthen heiß waschen, abtropfen und dann in dem Rum quellen lassen.

2. Die Butter mit dem Zucker schaumig rühren. Die Eier trennen und nach und nach die Eigelbe mit den Mandeln unter die Buttermasse rühren.

3. Die Form fetten und mit Mandeln ausstreuen. Den Backofen auf 160° vorheizen.

4. Die Eiweiße mit 1 Prise Salz zu schnittfestem Eischnee schlagen. Die Korinthen mit dem Rum, dem Zitronat, dem Mehl

und der Speisestärke unter den Teig ziehen. Den Eischnee darauf geben und mit dem Rührlöffel unterheben.

5. Den Teig in die Form füllen und im Backofen (Mitte) 1–1 1/2 Stunden backen. Nach etwa 1 Stunde die Stäbchenprobe machen und, wenn nötig, den Kuchen mit Pergamentpapier bedecken.

6. Den Kuchen bei geöffneter Tür im Backofen abkühlen lassen, auf ein Kuchengitter stürzen und mit dem Puderzucker besieben.

Tip!

Königskuchen können Sie gut in einer Blechdose aufbewahren.

Ilsenburger Wellen

Zutaten für eine Kastenform von
28 cm Länge:
250 g weiche Butter
250 g Zucker
7 kleine Eier
2 Teel. Backpulver
250 g Mehl
Salz
50 g Kakaopulver
2 Eßl. Vanillezucker
Für die Form: Butter

Exklusiv

Bei 14 Stück pro Stück etwa:
1300 kJ/310 kcal
6 g Eiweiß · 18 g Fett
33 g Kohlenhydrate

- Zubereitungszeit:
  1 1/2–1 3/4 Stunden (davon
  50–60 Minuten Backzeit)

1. Die Butter mit dem Zucker schaumig rühren. Die Eier trennen und die Eigelbe nach und nach unter die Buttermasse rühren. Das Backpulver mit dem Mehl mischen und unter den Teig rühren.

2. Die Form fetten. Den Backofen auf 180° vorheizen.

3. Die Eiweiße mit 1 Prise Salz steif schlagen, auf den Teig füllen und mit dem Rührlöffel unterheben. Den Teig halbieren und eine Hälfte mit dem Kakaopulver und dem Vanillezucker verrühren.

4. Den hellen und den dunklen Teig schichtweise in die Form geben, mit einer hellen Schicht abschließen. Den Kuchen im Backofen (Mitte) 50–60 Minuten backen.

5. Nach etwa 40 Minuten den Kuchen mit Pergamentpapier bedecken. Den Kuchen nach Belieben mit heller Kuvertüre überziehen.

Im Bild vorne: Ilsenburger Wellen
Im Bild hinten: Königskuchen

KÖSTLICHES AUS DER FORM

BELIEBTE OBSTKUCHEN

Kirsch-Käse-Kuchen

Das Besondere an diesem Kuchen ist die knusprige Kruste aus Sonnenblumenkernen.

Zutaten für eine Springform von 24 cm Ø:
Für denTeig:
150 g Vollkorn-Cornflakes
75 g weiche Butter
Für den Belag:
500 g Sauerkirschen
4 Eier
Salz
75 g Zuckerrohrgranulat
100 g Sahne
500 g Schichtkäse
5 Eßl. Vollkorngrieß
Für die Kruste:
50 g Butter
50 g Zuckerrohrgranulat
100 g Sahne
100 g geschälte Sonnenblumenkerne

Vollwertrezept

Bei 8 Stück pro Stück etwa:
2200 kJ/520 kcal
18 g Eiweiß · 32 g Fett
41 g Kohlenhydrate

- Zubereitungszeit: etwa
  2 Stunden (davon
  1 Stunde Backzeit)

1. Für denTeig die Cornflakes zwischen Pergamentpapier oder in einer Plastiktüte mit dem Nudelholz zerdrücken und mit der Butter verkneten. Die Masse gleichmäßig auf den Boden der Form drücken.

2. Für den Belag die Kirschen waschen, entstielen und entsteinen. Die Eier trennen.

Die Eiweiße mit 1 Prise Salz zu steifem Schnee schlagen.

3. Das Zuckerrohrgranulat mit der Sahne verrühren. Den Schichtkäse mit den Eigelben, dem Grieß und der Sahne mischen, die Kirschen mit dem Eischnee unterheben und alles in die Form füllen. Den Backofen auf 180° vorheizen.

4. Für die Kruste die Butter in einer Pfanne zerlassen, das Granulat darin auflösen, die Sahne hinzufügen und unter ständigem Rühren einmal aufkochen. Die Sonnenblumenkerne in die Sahne rühren, die Masse abkühlen lassen und auf der Käsecreme verteilen.

5. Den Kuchen im Backofen (Mitte) etwa 1 Stunde backen. Gegen Ende der Backzeit, wenn nötig, den Kuchen mit Pergamentpapier bedecken.

Brauner Kirschkuchen

Zutaten für eine Springform von 28 cm Ø:
1 kg dunkle Herzkirschen
5 Eier
Salz
140 g Butter
140 g Zucker
80 g geriebene Schokolade
50 g Semmelbrösel
150 g gemahlene Mandeln (oder Weizenschrot)
Für die Form: Butter und 2 Eßl. gemahlene Mandeln

Gelingt leicht

Bei 12 Stück pro Stück etwa:
1400 kJ/330 kcal
7 g Eiweiß · 21 g Fett
29 g Kohlenhydrate

- Zubereitungszeit: etwa
  1 Stunde 40 Minuten (davon
  40 Minuten Backzeit)

1. Die Kirschen waschen, trockentupfen, entstielen und entsteinen.

2. 3 Eier trennen und die Eiweiße mit 1 Prise Salz zu steifem Schnee schlagen.

3. Den Backofen auf 180° vorheizen. Die Form fetten und mit den Mandeln ausstreuen.

4. Die Butter mit dem Zucker, den 2 ganzen Eiern und den Eigelben schaumig rühren, die Schokolade, die Semmelbrösel und die Mandeln untermengen. Den Eischnee unter den Teig heben.

5. Den Teig in die Form füllen. Die Kirschen darauf streuen und in den Teig drücken. Den Kuchen im Backofen (Mitte) 40–50 Minuten backen.

Im Bild vorne: Kirsch-Käse-Kuchen
Im Bild hinten: Brauner Kirschkuchen

BELIEBTE OBSTKUCHEN

BELIEBTE OBSTKUCHEN

Gerührter Apfelkuchen

Zutaten für eine Kastenform von
26 cm Länge:
2 mittelgroße Äpfel
1 Eßl. Zitronensaft
4 Eier
120 g Zucker
50 g gemahlene Mandeln
30 g fein gewürfeltes Zitronat
1 Teel. gemahlener Zimt
1 Messerspitze Nelkenpulver
Salz
80 g Semmelbrösel
Für die Form: Backpapier

Gelingt leicht

Bei 16 Stück pro Stück etwa:
410 kJ/98 kcal
3 g Eiweiß · 5 g Fett
14 g Kohlenhydrate

• Zubereitungszeit: etwa
   1 3/4 Stunden (davon
   1 Stunde Backzeit)

1. Die Äpfel waschen, schälen, vierteln und vom Kerngehäuse befreien. Die Viertel würfeln und mit dem Zitronensaft beträufeln.

2. Die Form mit Backpapier auslegen. Den Backofen auf 180° vorheizen.

3. Die Eier trennen und die Eigelbe mit dem Zucker weißschaumig rühren. Die Mandeln, das Zitronat, den Zimt und das Nelkenpulver untermischen.

4. Die Eiweiße mit 1 Prise Salz steif schlagen und mit den Semmelbröseln und den Äpfeln unterheben.

5. Den Teig in die Form füllen und im Backofen (Mitte) in etwa 1 Stunde goldbraun backen; gegen Ende der Backzeit, wenn nötig, mit Pergamentpapier bedecken.

Gedeckter Apfelkuchen

Zutaten für eine Springform von
26 cm Ø:
Für den Teig:
350 g Mehl
50 g gemahlene Haselnüsse
250 g Butter
100 g Zucker
Für die Füllung:
100 g Rosinen
4 Eßl. Rum (oder Apfelsaft)
750 g säuerliche Äpfel (Boskop)
50 g Zucker
Für die Glasur:
2 Eßl. Aprikosenkonfiture
5 Eßl. Puderzucker
2 Eßl. Zitronensaft

Etwas schwierig

Bei 12 Stück pro Stück etwa:
1900 kJ/450 kcal
4 g Eiweiß · 20 g Fett
48 g Kohlenhydrate

• Zubereitungszeit: etwa
   1 3/4 Stunden (davon
   50 Minuten Backzeit)

1. Für den Teig das Mehl mit den Nüssen mischen, auf eine Arbeitsfläche schütten, die Butter in Flöckchen daraufschneiden, den Zucker darüber streuen und alle Zutaten rasch verkneten. Den Teig zugedeckt in den Kühlschrank stellen.

2. Für die Füllung die Rosinen heiß waschen, abtropfen lassen und in einer großen Schüssel mit dem Rum tränken. Die Äpfel schälen, vierteln, von den Kerngehäusen befreien, würfeln und mit den Rosinen und dem Zucker mischen. Den Backofen auf 200° vorheizen.

3. Zwei Drittel des Teigs in Größe der Form ausrollen, den Boden und den Rand der Form damit auslegen und die Äpfel einfüllen.

4. Den übrigen Teig ebenfalls rund ausrollen, um das Nudelholz legen und über die Füllung breiten. Die Teigränder gut zusammendrücken und die Teigdecke mit einem Holzspießchen mehrmals einstechen, damit Dampf entweichen kann.

5. Den Kuchen im Backofen (Mitte) etwa 50 Minuten backen; wenn nötig, nach etwa 30 Minuten mit Pergamentpapier bedecken.

6. Den Kuchen auf ein Kuchengitter gleiten lassen. Für die Glasur die Konfitüre erhitzen, durch ein Sieb streichen, auf dem Kuchen verteilen und trocknen lassen. Den Puderzucker mit dem Zitronensaft und wenig Wasser verrühren und den Kuchen damit glasieren.

Bild oben: Gerührter Apfelkuchen
Bild unten: Gedeckter Apfelkuchen

BELIEBTE OBSTKUCHEN

BELIEBTE OBSTKUCHEN

Himbeer-Schokoladen-Kuchen

Zutaten für eine Springform von
26 cm Ø:
125 g weiche Butter
100 g Zucker
4 Eier
Salz
100 g Schokolade, edelbitter
150 g gemahlene Haselnüsse
100 g Mehl
3 Eßl. Kakaopulver
2 Teel. Backpulver
500 g Himbeeren
5 Eßl. Himbeersirup
200 g Sahne
1 Eßl. Vanillezucker
3 Eßl. Puderzucker
Für die Form: Butter und
Zwiebackbrösel

Gelingt leicht

Bei 10 Stück pro Stück etwa:
2000 kJ/480 kcal
8 g Eiweiß · 32 g Fett
36 g Kohlenhydrate

- Zubereitungszeit: etwa
  5 1/2–7 1/2 Stunden (davon
  30–35 Minuten Backzeit und
  4–6 Stunden Ruhezeit)

1. Die Butter mit dem Zucker schaumig rühren. Die Eier trennen und die Eiweiße mit 1 Prise Salz zu steifem Schnee schlagen. Die Eigelbe nach und nach unter die Buttermasse rühren. Die Schokolade im heißen Wasserbad schmelzen.

2. Den Backofen auf 180° vorheizen. Die Form fetten und mit Bröseln ausstreuen.

3. Die Schokolade mit den Nüssen in den Teig rühren. Das Mehl mit dem Kakao und dem Backpulver mischen und mit dem Eischnee unterheben. Den Teig in die Form füllen und im Backofen (Mitte) etwa 30–35 Minuten backen. 4–6 Stunden ruhen lassen.

4. Die Himbeeren abbrausen und abtropfen lassen. Vom kalten Kuchen etwa ein Viertel horizontal abschneiden und zerbröseln. Den Rest mit dem Sirup tränken und mit den Himbeeren belegen.

5. Die Sahne mit dem Vanillezucker steif schlagen und über die Himbeeren streichen. Die Brösel darüber streuen und mit dem Puderzucker besieben.

Rhabarberkuchen mit Baiser

Zutaten für eine Springform von
26 cm Ø:
150 g weiche Butter
100 g Zucker
2 Eßl. Vanillezucker
5 Eier
150 g Mehl
75 g Speisestärke
2 Teel. Backpulver
600 g Rhabarber
Salz
150 g Puderzucker
50 g gemahlene Mandeln
1 Eßl. Zitronensaft
Für die Form: Butter

Raffiniert

Bei 12 Stück pro Stück etwa:
1300 kJ/310 kcal
5 g Eiweiß · 15 g Fett
39 g Kohlenhydrate

- Zubereitungszeit: etwa
  1 1/2 Stunden (davon
  40–45 Minuten Backzeit)

1. Die Butter mit dem Zucker und dem Vanillezucker schaumig rühren. Nach und nach 2 ganze Eier und 3 Eigelbe unterrühren. Das Mehl mit der Speisestärke und dem Backpulver mischen und unterrühren.

2. Den Backofen auf 180° vorheizen. Die Form fetten. Den Rhabarber waschen, putzen und die Fäden abziehen. Die Stangen in etwa 4 cm lange Stücke schneiden.

3. Den Teig in die Form füllen, die Rhabarberstücke leicht hineindrücken und den Kuchen im Backofen (Mitte) etwa 25 Minuten backen. Den Backofen nicht ausschalten.

4. Die 2 Eiweiß mit 1 Prise Salz und dem Puderzucker zu schnittfestem Schnee schlagen. Die Mandeln und den Zitronensaft unterheben.

5. Den Eischnee auf den vorgebackenen Kuchen streichen und den Kuchen im Backofen (Mitte) in 15 Minuten goldgelb backen.

Im Bild vorne:
Himbeer-Schokoladen-Kuchen
Im Bild hinten:
Rhabarberkuchen mit Baiser

BELIEBTE OBSTKUCHEN

BELIEBTE OBSTKUCHEN

Zwetschgen-datschi

Zutaten für ein Backblech:

400 g Mehl

30 g Hefe

50 g Zucker

knapp 1/4 l lauwarme Milch

125 g Butter

2 Eier

Salz

1 1/2 kg Zwetschgen

50–100 g grober Zucker

Für das Blech: Butter

Spezialität aus Bayern

Bei 16 Stück pro Stück etwa:
1000 kJ/240 kcal
5 g Eiweiß · 8 g Fett
36 g Kohlenhydrate

- Zubereitungszeit: etwa
  3 Stunden (davon
  1 1/2 Stunden Ruhezeit und
  20–30 Minuten Backzeit)

1. Das Mehl in eine Schüssel schütten, ein Mulde hinein-drücken, die Hefe hineinbrök-keln und mit etwas Zucker, we-nig Mehl und 2 Eßlöffeln Milch verrühren. Den Vorteig zuge-deckt etwa 20 Minuten gehen lassen.

2. Die Butter zerlassen, aber nicht erhitzen. Die Eier, die But-ter, den übrigen Zucker, die restliche Milch und 2 Prisen Salz zum Vorteig geben und alle Zutaten zu einem trockenen Teig verarbeiten, der Blasen wirft und sich vom Schüsselrand löst.

3. Den Teig zugedeckt etwa 50 Minuten gehen lassen, bis

er sein Volumen fast verdoppelt hat. Das Backblech fetten. Die Zwetschgen waschen, abtrock-nen, entsteinen und auf der In-nenseite dreimal längs ein-schneiden.

4. Den Teig auf der bemehlten Arbeitsfläche in Größe des Blechs ausrollen, auf das Blech legen und mehrmals mit einer Gabel einstechen. Die Zwetsch-gen in überlappenden Reihen auf den Teig legen und den Kuchen weitere 20 Minuten gehen lassen.

5. Inzwischen den Backofen auf 200° vorheizen. Dann den Datschi im Backofen (Mitte) 20–30 Minuten backen und noch warm mit dem groben Zucker bestreuen.

Aprikosen-kuchen

Zutaten für ein Backblech:

1 kg reife, aromatische Aprikosen

200 g weiche Butter

200 g Zucker

200 g Mehl

150 g Speisestärke

2 Teel. Backpulver

5 Eier

Salz

2 Eßl. Vanillezucker

3 Eßl. Puderzucker

Für das Blech: Butter

Gelingt leicht

Bei 16 Stück pro Stück etwa:
1200 kJ/290 kcal
4 g Eiweiß · 13 g Fett
38 g Kohlenhydrate

- Zubereitungszeit:
  etwa 1 1/2 Stunden (davon
  45 Minuten Backzeit)

1. Die Aprikosen waschen, abtrocknen, halbieren und entsteinen. Den Backofen auf 200° vorheizen. Das Back-blech fetten.

2. Die Butter mit 100 g Zucker schaumig rühren. 175 g Mehl und 100 g Speisestärke mit dem Backpulver mischen. 3 Eier nacheinander und die Mehlmischung löffelweise unter die Butter rühren.

3. Den Teig auf dem Back-blech glattstreichen und die Aprikosen mit der Rundung noch oben darauf legen. Den Kuchen im Backofen (Mitte) etwa 30 Minuten backen. Den Backofen nicht ausschalten.

4. Die übrigen Eier trennen. Die Eiweiße mit 1 Prise Salz steif schlagen. Die Eigelbe mit dem restlichen Zucker und dem Vanillezucker schaumig rühren. Das übrige Mehl und die restli-che Speisestärke mischen und mit dem Eischnee unter die Eigelbe heben.

5. Die Biskuitmasse auf die Aprikosen streichen, den Ku-chen in etwa 15 Minuten fertigbacken und mit dem Puderzucker bestäuben.

Im Bild vorne: Aprikosenkuchen
Im Bild hinten: Zwetschgendatschi

BELIEBTE OBSTKUCHEN

BELIEBTE OBSTKUCHEN

Stachelbeer-Nuß-Kuchen

Zutaten für eine Springform
von 26 cm Ø:

500 g reife Stachelbeeren
(oder Kapstachelbeeren)
1 Eßl. Zitronensaft
2 Eßl. Puderzucker
150 g weiche Butter
150 g Zucker
4 Eier
Salz
abgeriebene Schale von
1 unbehandelten Zitrone
300 g gemahlene Haselnüsse
150–200 g Puderzucker
1 Eiweiß
Für die Form: Butter und
Zwiebackbrösel

Etwas teurer

Bei 12 Stück pro Stück etwa:
1800 kJ/430 kcal
6 g Eiweiß · 29 g Fett
34 g Kohlenhydrate

- Zubereitungszeit: etwa
  1 1/2 Stunden (davon
  50 Minuten Backzeit)

1. Die Stachelbeeren waschen und abtropfen lassen; Kapstachelbeeren aus den Hüllblättern lösen. Die Beeren rundherum mit einer Nadel einstechen. Den Zitronensaft und den Puderzucker mischen und die Beeren darin wenden. Den Backofen auf 180° vorheizen. Die Form fetten und mit Bröseln ausstreuen.

2. Die Butter bis auf 1 Eßlöffel mit dem Zucker schaumig rühren. Die Eier trennen. Die Eiweiße mit 1 Prise Salz steif

schlagen. Nach und nach die Eigelbe und die Zitronenschale unter die Buttermasse rühren. Den Eischnee darüberfüllen, die Nüsse darauf streuen und beides unter den Teig heben.

3. Den Teig in die Form füllen und die Beeren darauf verteilen. Den Kuchen im Backofen (Mitte) etwa 50 Minuten backen und abkühlen lassen.

4. Den Eßlöffel Butter zerlassen, aber nicht erhitzen. Den gesiebten Puderzucker mit dem Eiweiß verrühren, die abgekühlte Butter tropfenweise untermischen und den Kuchen mit der Glasur überziehen.

Mürber Erdbeerkuchen

Zutaten für eine Obstkuchenform
von 28 cm Ø:

250 g Mehl
100 g Zucker
1 Prise Salz
125 g Butter
1 Eiweiß
2 Eßl. Erdbeerkonfitüre
1 kg möglichst kleine Erdbeeren
4 Eßl. Mascarpone
3 Eßl. Puderzucker

Raffiniert

Bei 8 Stück pro Stück etwa:
1800 kJ/430 kcal
6 g Eiweiß · 22 g Fett
50 g Kohlenhydrate

- Zubereitungszeit: etwa
  1 1/4 Stunden (davon
  25 Minuten Backzeit)

1. Das Mehl auf eine Arbeitsfläche sieben und eine Mulde hineindrücken. Den Zucker, das Salz, die Butter in Flöckchen und das Eiweiß dazugeben. Alles rasch zu einem glatten Teig verkneten.

2. Den Backofen auf 200° vorheizen. Den Teig auf der leicht bemehlten Arbeitsfläche gut in Größe der Form ausrollen und den Boden und den Rand der Form damit auslegen. Überstehenden Rand abschneiden; den Boden mehrmals mit einer Gabel einstechen.

3. Den Kuchen im Backofen (Mitte) in etwa 25 Minuten goldgelb backen und abkühlen lassen.

4. Die Konfitüre leicht erhitzen, durch ein Sieb geben, auf den Teigboden streichen und gut trocknen lassen.

5. Die Erdbeeren waschen, entkelchen und abtropfen lassen. Ein Drittel zerdrücken, mit dem Mascarpone und dem Puderzucker verrühren.

6. Die Creme kurz vor dem Servieren auf den Kuchenboden streichen. Die restlichen Erdbeeren in Scheiben schneiden und fächerförmig darauf legen. Nach Belieben können Sie den Kuchen mit Tortenguß überziehen oder mit Sahne verzieren.

Im Bild vorne: Stachelbeer-Nuß-Kuchen (hier mit Kapstachelbeeren)
Im Bild hinten: Mürber Erdbeerkuchen

BELIEBTE OBSTKUCHEN

Kokos-Ananas-Kuchen

Am besten schmeckt dieser Kuchen natürlich mit frischer Ananas; Sie können auch Dosenfrüchte verwenden, nur sollten Sie dann die Zuckermenge für den Belag stark reduzieren!

Zutaten für eine Springform von 28 cm Ø:
Für den Teig:
50 g weiche Butter
50 g Zucker
1 EßI. abgeriebene Schale von
1 unbehandelten Zitrone
2 Eier
Salz
150 g Mehl
50 g Speisestärke
1 Teel. Backpulver
Für den Belag:
1 mittelgroße Ananas
Saft von 1 Zitrone
150 g Butter
150 g Zucker
3–4 EßI. Milch
150 g Kokosflocken
Für die Form: Backpapier

Für Gäste

Bei 16 Stück pro Stück etwa:
1200 kJ/290 kcal
3 g Eiweiß · 13 g Fett
29 g Kohlenhydrate

- Zubereitungszeit: etwa 1 1/2 Stunden (davon 35–40 Minuten Backzeit)

1. Die Butter mit dem Zucker schaumig rühren. Die Zitronenschale und nach und nach die Eier sowie 1 Prise Salz unter die Buttermasse ziehen. Das Mehl mit der Speisestärke und dem Backpulver mischen und unter den Teig mengen.

2. Die Form mit Backpapier auslegen. Den Backofen auf 190° vorheizen. Für den Belag die Ananas schälen und in Scheiben schneiden, die holzige Mitte daraus entfernen und die Scheiben vierteln.

3. Den Teig in die Form füllen, mit der Ananas belegen und den Zitronensaft darüber träufeln. Die Butter mit dem Zucker und der Milch unter Umrühren aufkochen lassen, die Kokosflocken hineinrühren und alles noch einmal aufkochen lassen.

4. Die Kokosmasse auf die Ananas streichen und den Kuchen im Backofen (Mitte) 35–40 Minuten backen.

Pflaumen-Streusel-Kuchen

Eine gute Kuchen-»Idee« für die Zeit, in der Pflaumen preiswert angeboten werden. Dann sind sie wirklich reif und saftig und schmecken am besten.

Zutaten für eine Obstkuchenform von 30 cm Ø:
Für den Teig:
200 g Butter
150 g Zucker
Salz
3 Eßl. Vanillezucker
1 Ei
400 g Mehl
Für die Füllung:
800–900 g Pflaumen
100 g Hagelzucker
Zum Bestäuben:
3 Eßl. Puderzucker
Für die Form: Butter

Gelingt leicht

Bei 16 Stück pro Stück etwa:
1200 kJ/290 kcal
3 g Eiweiß · 11 g Fett
43 g Kohlenhydrate

- Zubereitungszeit: etwa
  2 Stunden (davon
  1 Stunde Backzeit)

1. Für den Teig die Butter zerlassen, aber kaum erhitzen, und mit dem Zucker, 1 Prise Salz, dem Vanillezucker, dem Ei und 200 g Mehl verrühren. Das übrige Mehl über den Teig schütten und alles mit den Händen zu Streuseln verarbeiten.

2. Die Form fetten. Den Backofen auf 180° vorheizen. Gut die Hälfte der Streusel in die Form schütten und leicht andrücken, so daß ein Kuchenboden und ein etwa 3 cm hoher Rand entstehen.

3. Die Pflaumen waschen, abtrocknen, halbieren, entsteinen und mit der Rundung nach unten auf den Boden legen. Den Hagelzucker darüber streuen. Die übrigen Streusel locker auf den Pflaumen verteilen.

4. Den Kuchen im Backofen (Mitte) in gut 1 Stunde goldgelb backen. Den abgekühlten Kuchen mit dem Puderzucker besieben.

BELIEBTE OBSTKUCHEN

BELIEBTE OBSTKUCHEN

Apfelkuchen mit Streuseln

Zutaten für eine Springform von
26 cm Ø:
Für den Teig:
250 g Mehl
80 g gemahlene Mandeln
100 g Zucker
150 g Butter
Für die Füllung:
1 kg säuerliche Äpfel
50 g Zucker
2 Gewürznelken
1 Zimtstange
250 g Magerquark
5 Eßl. Honig
2 Eigelb
50 g Speisestärke

Preiswert

Bei 12 Stück pro Stück etwa:
1500 kJ/360 kcal
7 g Eiweiß · 16 g Fett
46 g Kohlenhydrate

- Zubereitungszeit: etwa
  1 1/2 Stunden (davon
  30 Minuten Backzeit)

1. Für den Teig das Mehl mit den Mandeln und dem Zucker mischen, die Butter in Flöckchen darüber schneiden und alles zu Streuseln verkneten. Die größere Hälfte der Streusel in die Form geben und gleichmäßig andrücken, dabei auch einen Rand formen. In den Kühlschrank stellen.

2. Inzwischen für die Füllung die Äpfel dünn schälen, vierteln, die Kerngehäuse entfernen und die Viertel längs halbieren. Die Äpfel mit dem Zucker, den Nelken und dem Zimt zuge-

deckt bei schwacher Hitze etwa 5 Minuten dünsten, in einem Sieb abkühlen lassen und den Sud auffangen.

3. Den Backofen auf 200° vorheizen. Den Quark mit dem Honig und den Eigelben verrühren. Die Speisestärke mit wenig kaltem Wasser anrühren und mit dem Sud der Äpfel unter den Quark mischen.

4. Die Quarkmasse auf den Kuchenboden geben, die Äpfel darauf verteilen und die übrigen Streusel darüber streuen. Den Kuchen im Backofen (Mitte) etwa 30 Minuten backen.

Johannisbeer-Makronen-Kuchen

Das Obst kann beliebig je nach Saison gewählt werden.

Zutaten für eine Spring- oder Pieform
von 26 cm Ø:
250 g Mehl
125 g Butter
80 g Zucker
Salz
1 Ei
500 g abgezupfte Johannisbeeren
6 Eiweiß
200 g Puderzucker
250 g gemahlene Mandeln
Für die Form: Butter

Für Gäste

Bei 12 Stück pro Stück etwa:
1700 kJ/400 kcal
9 g Eiweiß · 21 g Fett
44 g Kohlenhydrate

- Zubereitungszeit: etwa
  1 Stunde (davon
  30–35 Minuten Backzeit)

1. Den Backofen auf 220° vorheizen. Das Mehl in eine Schüssel geben. Die Butter in Flöckchen darauf schneiden, den Zucker, 1 Prise Salz und das Ei dazugeben und alles rasch verkneten.

2. Die Form fetten. Den Teig auf der bemehlten Arbeitsfläche etwas größer als die Form ausrollen und den Boden und den Rand damit auslegen. Den Boden mehrmals mit einer Gabel einstechen.

3. Den Boden im Backofen (Mitte) etwa 15 Minuten bakken, dann herausnehmen. Den Backofen auf 120° schalten.

4. Die Johannisbeeren auf den Kuchenboden schütten. Die Eiweiße flaumig schlagen, den gesiebten Puderzucker einrieseln lassen und schlagen, bis der Eischnee schnittfest ist. Die Mandeln unterheben. Die Masse über die Beeren streichen und den Kuchen im Backofen (Mitte) in 15–20 Minuten hellgelb backen.

Im Bild vorne:
Apfelkuchen mit Streuseln
Im Bild hinten:
Johannisbeer-Makronen-Kuchen

BELIEBTE OBSTKUCHEN

FESTLICHE TORTEN

Mohntorte mit Preiselbeersahne

Zum Abmessen der Zutaten bitte immer dieselbe Tasse verwenden.

Zutaten für eine Springform von 24 cm Ø:
Für den Teig:
3 Eier
Salz
125 g weiche Butter
1 Tasse Zucker
1 Tasse Mehl
1/2 Päckchen Backpulver
1 Tasse gemahlener Mohn
Für die Füllung und Verzierung:
3 Blatt rote Gelatine
450 g Preiselbeerkompott
375 g Sahne
Für die Form: Backpapier

Raffiniert
Läßt sich gut vorbereiten

Bei 12 Stück pro Stück etwa:
1500 kJ/360 kcal
5 g Eiweiß · 23 g Fett
31 g Kohlenhydrate

- Zubereitungszeit: etwa 5 1/2–13 1/2 Stunden (davon 35 Minuten Backzeit und 4–12 Stunden Ruhezeit)

1. Den Backofen auf 200° vorheizen. Die Springform mit Backpapier auslegen. Dazu das Papier auf den Boden der Form legen, den Rand daraufsetzen und schließen. Überstehendes Papier abreißen.

2. Für den Teig die Eier in Eigelbe und Eiweiße trennen. Die Eiweiße mit 1 Prise Salz zu steifem Schnee schlagen und kühl stellen.

3. Die Butter mit dem Zucker und den Eigelben weiß-schaumig rühren. Das Mehl mit dem Backpulver und dem Mohn mischen. Alles unter die Buttermasse rühren, den Eischnee unterheben und den Teig in die Form füllen.

4. Den Tortenboden im Backofen (Mitte) etwa 35 Minuten backen und mindestens 4, besser 12 Stunden, ruhen lassen.

5. Für die Füllung die Gelatine in reichlich kaltem Wasser etwa 10 Minuten quellen lassen. Den Tortenboden einmal quer durchschneiden.

6. Das Kompott abtropfen lassen, dabei den Saft auffangen. Einige Beeren zum Garnieren beiseite legen. Den Saft erhitzen und vom Herd nehmen. Die Gelatine ausdrücken, unter Umrühren in dem Saft auflösen und mit den Preiselbeeren mischen.

7. Den unteren Tortenboden mit einem Tortenring umschließen. 125 g Sahne steif schlagen, mit den Preiselbeeren mischen und auf den unteren Tortenboden gießen. Den zweiten Boden darauf legen und die Torte in den Kühlschrank stellen.

8. Kurz vor dem Servieren den Tortenring entfernen. Die übrige Sahne steif schlagen, die Torte damit überziehen und mit den zurückbehaltenen Beeren garnieren.

Varianten:
Wer keinen Mohn mag, kann ihn durch gemahlene Mandeln oder Haselnüsse ersetzen. Statt mit Preiselbeerkompott können Sie die Sahne auch mit Johannisbeerkompott oder Stachelbeerkompott mischen. Besonders raffiniert schmeckt die Torte, wenn Sie die Garnitur und die Sahne mit Kapstachelbeeren veredeln. Die rohen Beeren für die Sahnemischung nur klein schneiden und die Sahne mit farbloser Gelatine steifen. Ganze rohe Beeren zum Garnieren nehmen. Allerdings wird die Torte so etwas teurer!

FESTLICHE TORTEN

FESTLICHE TORTEN

Linzer Torte

Zutaten für eine Springform
von 26 cm Ø:
200 g Zucker
250 g gemahlene ungeschälte
Mandeln
200 g Mehl
1 gehäufter Teel. Kakaopulver
1 Teel. frisch gemahlener Zimt
2 Eßl. Vanillezucker
1 Messerspitze Nelkenpulver
1 Ei
2 cl Kirschwasser (oder Kirschsirup)
250 g Butter in Flöckchen
200 g Himbeerkonfitüre
1 mit wenig Wasser verquirltes
Eigelb
Für die Form: Butter

Spezialität aus Österreich

Bei 12 Stück pro Stück etwa:
2000 kJ/480 kcal
7 g Eiweiß · 30 g Fett
43 g Kohlenhydrate

- Zubereitungszeit: etwa
  3 Stunden (davon
  1 Stunde Ruhezeit und
  1 Stunde Backzeit)

1. Den Zucker, die Mandeln, das Mehl, den Kakao und die Gewürze mischen und mit dem Ei, dem Kirschwasser und der Butter verkneten. Zugedeckt etwa 1 Stunde in den Kühlschrank legen.

2. Die Form fetten. Den Backofen auf 180° vorheizen. Zwei Drittel des Teiges auf der leicht bemehlten Arbeitsfläche ausrollen, die Form damit auslegen und einen etwa 2 cm hohen Rand formen. Den Boden mehr-

mals mit einer Gabel einstechen. Den übrigen Teig dünn ausrollen und mit dem Teigrädchen in etwa 1 1/2 cm breite Streifen schneiden.

3. Den Teigboden mit der Konfitüre bestreichen, die Streifen gitterartig darauf legen und mit dem Eigelb bepinseln.

4. Die Torte im Backofen (Mitte) etwa 1 Stunde backen. Eventuell mit Pergamentpapier bedecken. Dann die Torte in der Form etwas abkühlen lassen und zum völligen Erkalten auf ein Kuchengitter legen.

Orangentorte

Zutaten für eine Springform
von 24 cm Ø:
5 Eier
140 g Zucker
abgeriebene Schale und Saft
von 2 unbehandelten Orangen
140 g gemahlene Mandeln
85 g Mehl
3 Blatt Gelatine
125 g weiche Butter
100 g Puderzucker
125 g Sahne
Für die Form: Butter und
2 Eßl. gemahlene Mandeln

Für Gäste

Bei 12 Stück pro Stück etwa:
1400 kJ/330 kcal
7 g Eiweiß · 21 g Fett
28 g Kohlenhydrate

- Zubereitungszeit: etwa
  8 1/2 Stunden (davon
  6 1/2 Stunden Ruhezeit und
  40 Minuten Backzeit)

1. Für den Teig die Eier trennen und die Eigelbe mit dem Zucker schaumig rühren. Die Orangenschale und den Saft von 1 Orange sowie die Mandeln untermischen und etwa 30 Minuten ruhen lassen.

2. Den Backofen auf 160° vorheizen. Die Form fetten und ausstreuen. Die Eiweiße steif schlagen. Das Mehl unter den Teig mengen und den Eischnee unterheben. In die Form füllen und im Backofen (Mitte) in 30–40 Minuten goldgelb backen. Mindestens 6 Stunden ruhen lassen.

3. Für die Creme die Gelatine in reichlich kaltem Wasser einweichen. Die Butter mit dem Puderzucker und der übrigen Orangenschale verrühren.

4. Den restlichen Orangensaft erhitzen. Die ausgedrückte Gelatine darin auflösen. Die Sahne steif schlagen. Sobald der Saft zu gelieren beginnt, diesen rasch eßlöffelweise mit der Sahne unter die Butter rühren.

5. Den Tortenboden quer halbieren, einen Teil der Creme auf einen Boden streichen, den zweiten darauf legen und mit Creme überziehen. Die Torte mit der restlichen Creme, Schokoraspel und kandierten Orangen (oder Orangenachteln) verzieren.

Im Bild vorne: Orangentorte
Im Bild hinten: Linzer Torte

FESTLICHE TORTEN

FESTLICHE TORTEN

Weinschaum-creme-Torte

Endlich einmal eine Torte, die nicht jeder kennt! Und je feiner und würziger der Wein, desto raffinierter schmeckt die Weinschaumcreme.

Zutaten für eine Springform von 24 cm Ø:
Für den Teig:
225 g Mehl
1 Eigelb
75 g Zucker
Salz
125 g kalte Butter
Für die Schaumcreme:
18 g gemahlene Gelatine (2 Päckchen)
3 Eier
Salz
3/8 l trockener Weißwein
125 g Puderzucker
2 EBl. Vanillezucker
2 EBl. Orangenkonfitüre
Für die Form:
Backpapier

Exklusiv

Bei 8 Stück pro Stück etwa:
1800 kJ/430 kcal
8 g Eiweiß · 16 g Fett
52 g Kohlenhydrate

• Zubereitungszeit: etwa 2 Stunden (davon 30 Minuten Ruhezeit und 20 Minuten Backzeit)

1. Für den Teig das Mehl auf die Arbeitsfläche schütten und das Eigelb in eine Mulde hineingeben. Den Zucker und 1 Prise Salz auf das Mehl streuen und die Butter in Flöckchen darauf legen.

2. Alles mit einem breiten Messerrücken hackend vermengen, dann rasch verkneten. Den Teig zugedeckt etwa 30 Minuten in den Kühlschrank stellen. Inzwischen die Form mit Backpapier auslegen, dabei den Rand völlig mit Papier bedecken. Den Backofen auf 200° vorheizen.

3. Den Teig auf der leicht bemehlten Arbeitsfläche ausrollen. Mit Hilfe der Form einen Kreis ausschneiden und den Boden der Form damit auslegen. Aus dem übrigen Teig einen Streifen für den Rand formen und den Teigrand mit dem Teigboden zusammendrücken.

4. Den Boden mehrmals mit einer Gabel einstechen. Den Teigboden im Backofen (Mitte) etwa 20 Minuten backen und in der Form kalt werden lassen.

5. Für die Creme die Gelatine in wenig kaltem Wasser etwa 10 Minuten quellen lassen. Inzwischen die Eier in Eiweiße und Eigelbe trennen und die Eiweiße mit 1 Prise Salz zu steifem Schnee schlagen.

6. 1/8 l Wasser aufkochen und vom Herd nehmen. Die Gelatine unter Umrühren darin auflösen, den Wein dazugießen und unter öfterem Umrühren abkühlen lassen.

7. Die Eigelbe mit dem Puderzucker und dem Vanillezucker weiß-schaumig rühren. Die gelierende Weincreme unterziehen und den Eischnee unterheben.

8. Die Orangenkonfitüre unter Umrühren erhitzen und mit einem Backpinsel auf den Kuchenboden streichen. Die Creme auf den Teigboden füllen und im Kühlschrank fest werden lassen.

Varianten:
Die Schaumcremetorte kann auch gut mit frischem Obst der Saison oder mit exotischen Früchten kombiniert werden.
- Von einheimischem Obst eignen sich besonders gut frische, reife Himbeeren, je nach Reifegrad leicht mit Puderzucker bestreut.
Statt der Orangenkonfitüre dann Himbeerkonfitüre auf den Teigboden streichen.
- Frische süße Kirschen, dunkle oder hellrote, müßten allerdings zuvor entsteint werden.
Statt der Orangenkonfitüre Kirschkonfitüre verwenden.
- Sehr reife und aromatische Aprikosen werden halbiert und auf eine dünne Schicht von Aprikosenkonfitüre gelegt.
- Für alle, die es säuerlich und leicht bitter mögen: Limetten waschen, abtrocknen, in hauchdünne Scheiben schneiden und auf eine dünne Schicht Zitronengelee legen.
- Reife Sharonfrüchte dünn wie einen Apfel schälen, in Scheiben schneiden und auf die Orangenkonfitüre legen.
- Physalis, das sind Kapstachelbeeren, aus den Hüllblättern nehmen, mit einer Nadel rundherum mehrmals einstechen, in Puderzucker wenden und einige Minuten liegen lassen. Die Physalis dann gleichmäßig auf der Orangenkonfitüre verteilen.

FESTLICHE TORTEN

FESTLICHE TORTEN

Mokka-Sahne-Torte

Zutaten für eine Springform
von 26 cm Ø:
8 Eiweiß
250 g Puderzucker
8 Eigelb
200 g gemahlene Haselnüsse
70 g feine Semmelbrösel
250 g Sahne
2 Teel. Puderzucker
1 Eßl. fein gemahlenes Mokkapulver
2 Eßl. Mokkalikör (oder Mokka)
36 halbe Haselnußkerne
(oder kleine ganze)
Für die Form: Backpapier

Für Gäste

Bei 12 Stück pro Stück etwa:
1600 kJ/380 kcal
9 g Eiweiß · 25 g Fett
31 g Kohlenhydrate

• Zubereitungszeit: etwa
  1 3/4 Stunden (davon
  40 Minuten Backzeit)

1. Die Eiweiße flaumig schlagen, den gesiebten Puderzucker einrieseln lassen und weiter schlagen, bis der Eischnee glänzt und schnittfest ist.

2. Den Backofen auf 200° vorheizen. Den Boden und den Rand der Springform mit Backpapier auslegen.

3. Die Eigelbe, die Nüsse und die Semmelbrösel unter den Eischnee ziehen. Den Teig in die Form füllen, glattstreichen und im Backofen (Mitte) etwa 40 Minuten backen. Der Kuchen ist gar, wenn die Oberfläche ganz leicht Farbe annimmt.

4. Kurz vor dem Servieren die Sahne steif schlagen, den Puderzucker, das Mokkapulver und den Likör darunterziehen und die Sahne in einen Spritzbeutel mit Sterntülle füllen.

5. Auf dem Kuchen 12 Stücke mit dem Messer leicht markieren und jedes Stück mit Sahnegirlanden und je einer Rosette verzieren. Die Rosetten mit je 3 Nußhälften belegen.

Leichte Sachertorte

Die echte Sachertorte kann man nur in Wien im Hotel Sacher kaufen. Dieses Rezept stammt aus einem Buch aus dem Jahr 1904.

Zutaten für eine Springform
von 26 cm Ø:
240 g Schokolade, edelbitter
140 g weiche Butter
235 g Zucker
4 Eigelb
2 Eßl. Vanillezucker
3 Eiweiß
Salz
70 g Mehl
4 Eßl. Himbeerkonfitüre
6 Eßl. Wasser
Für die Form: Butter

Spezialität aus Wien

Bei 12 Stück pro Stück etwa:
1400 kJ/330 kcal
4 g Eiweiß · 18 g Fett
40 g Kohlenhydrate

• Zubereitungszeit: etwa
  2 Stunden (davon
  30 Minuten Backzeit)

1. 175 g Schokolade in Stücke brechen und im heißen Wasserbad schmelzen lassen. Die Form fetten. Den Backofen auf 175° vorheizen.

2. Die Butter mit 110 g Zucker weißschaumig rühren. Nach und nach die Eigelbe, den Vanillezucker und die geschmolzene Schokolade untermischen.

3. Die Eiweiße mit 1 Prise Salz steif schlagen. Das Mehl eßlöffelweise unter das Butter-Zucker-Gemisch rühren und den Eischnee unterheben.

4. Den Teig in die Form füllen, im Backofen (Mitte) etwa 30 Minuten backen und auf einem Kuchengitter abkühlen lassen.

5. Die Konfitüre erhitzen und durch ein Haarsieb streichen. Die Torte rundherum damit überziehen und gut trocknen lassen.

6. Die übrige Schokolade mit dem restlichen Zucker und dem Wasser kochen, bis sich beim Hochziehen des Löffels ein Faden bildet, vom Herd nehmen und rühren, bis sich ein Häutchen zu bilden scheint. Die Torte gleichmäßig mit der Glasur überziehen.

Im Bild vorne: Leichte Sachertorte
Im Bild hinten: Mokka-Sahne-Torte

FESTLICHE TORTEN

FESTLICHE TORTEN

Augsburger Rhabarbertorte

Sie können die Torte auch mit frischer Ananas probieren!

Zutaten für eine Springform
von 24 cm Ø:
Für den Teig:
160 g Mehl
60 g Zucker
80 g Butter
1 Messerspitze Zimtpulver
Salz
1 Eiweiß
Für den Belag:
800 g junger Rhabarber
4 Eßl. Zucker
abgeriebene Schale von
1 unbehandelten Zitrone
5 Eiweiß
180 g gesiebter Puderzucker
120 g gemahlene Mandeln

Für Gäste

Bei 10 Stück pro Stück etwa:
1500 kJ/360 kcal
7 g Eiweiß · 17 g Fett
44 g Kohlenhydrate

- Zubereitungszeit: etwa
  2 1/4 Stunden (davon
  1 Stunde 10 Minuten Backzeit)

1. Für den Mürbeteig das Mehl, den Zucker, die Butter, den Zimt, 1 Prise Salz und das Eiweiß verkneten. Die Form am Boden und am Rand damit auslegen und in den Kühlschrank stellen.

2. Für den Belag den Rhabarber waschen, schälen, in etwa 2 cm lange Stücke schneiden, mit dem Zucker und der Zitro-

nenschale mischen und auf den Teigboden legen.

3. Den Backofen auf 175° vorheizen. Die Eiweiße steif und glänzend schlagen, dabei nach und nach den Puderzucker einrieseln lassen. Die Mandeln unterheben und die Masse auf dem Rhabarber verteilen.

4. Die Torte im Backofen (Mitte) etwa 1 Stunde und 10 Minuten backen und abkühlen lassen. Nach Belieben mit Schlagsahne verzieren.

Mailänder Quarktorte

Zutaten für eine Springform
von 26 cm Ø:
Für den Teig:
125 g weiche Butter
1 Ei
75 g Zucker
Salz
350 g Mehl
1 gestrichener Teel. Backpulver
etwas Milch
Für die Füllung:
500 g Magerquark
150 g Zucker
2 Eier
1 Päckchen Vanille-Puddingpulver
3 Eßl. weißer Rum (nach Belieben)
4 Eßl. Himbeerkonfitüre
Für die Form: Backpapier

Spezialität aus Italien

Bei 12 Stück pro Stück etwa:
2000 kJ/480 kcal
11 g Eiweiß · 11 g Fett
81 g Kohlenhydrate

- Zubereitungszeit: etwa
  2 Stunden (davon
  1 Stunde Backzeit)

1. Für den Teig die Butter mit dem Ei, dem Zucker und 1 Prise Salz schaumig rühren. Das Mehl mit dem Backpulver mischen und darunterkneten, wenn nötig, etwas Milch hinzufügen.

2. Die Form mit Backpapier auslegen. Den Backofen auf 180° vorheizen. Die Hälfte des Teigs auf der bemehlten Arbeitsfläche ausrollen und den Boden und den Rand der Form damit auslegen.

3. Für die Füllung den Quark mit dem Zucker und den Eiern verrühren, das Puddingpulver und den Rum daruntermischen. Die Creme in die Form füllen.

4. Den restlichen Teig ausrollen, mit der Konfitüre bestreichen und zusammenrollen. Die Rolle in etwa 1/2 cm dicke Scheiben schneiden, diese auf die Quarkcreme legen.

5. Die Torte im Backofen (Mitte) etwa 1 Stunde backen. Wenn nötig, mit Pergamentpapier bedecken. Eventuell mit erhitzter Konfitüre bestreichen.

Bild oben:
Augsburger Rhabarbertorte
Bild unten: Mailänder Quarktorte

FESTLICHE TORTEN

FESTLICHE TORTEN

Burgenländer Mohntorte

Zutaten für eine Springform
von 24 cm Ø:
150 g weiche Butter
120 g Zucker
4 Eigelb
250 g gemahlener Mohn
50 g sehr fein gehacktes Zitronat
6 Eiweiß
Salz
4 Eßl. Puderzucker
Für die Form: Butter und
Semmelbrösel

Spezialität aus Österreich

Bei 10 Stück pro Stück etwa:
1500 kJ/360 kcal
9 g Eiweiß · 29 g Fett
22 g Kohlenhydrate

- Zubereitungszeit: etwa
  1 1/4 Stunden (davon
  40 Minuten Backzeit)

1. Die Form fetten und mit Semmelbröseln ausstreuen. Den Backofen auf 200° vorheizen.

2. Die Butter mit dem Zucker weißschaumig rühren. Nacheinander die Eigelbe unterrühren, dann den Mohn und das Zitronat.

3. Die Eiweiße mit 1 Prise Salz zu schnittfestem Schnee schlagen und diesen unterheben.

4. Den Teig in die Form füllen und die Torte im Backofen (Mitte) etwa 40 Minuten backen. In der Form etwas abkühlen lassen und auf ein Kuchengitter stürzen.

5. Ein Plastikdeckchen mit Spitzenmuster auf die Torte legen, den Puderzucker darüber sieben und das Deckchen behutsam entfernen.

Engadiner Nußtorte

Zutaten für eine Springform
von 24 cm Ø:
Für den Teig:
150 g weiche Butter
100 g Zucker
Salz
1 Ei
300 g Mehl
Für die Füllung:
50 g Butter
200 g Zucker
300 g gehackte Walnüsse
knapp 250 g Sahne
1 Eigelb
Für die Form: Butter

Spezialität aus der Schweiz

Bei 16 Stück pro Stück etwa:
1800 kJ/430 kcal
6 g Eiweiß · 28 g Fett
35 g Kohlenhydrate

- Zubereitungszeit: etwa
  3 Stunden 20 Minuten (davon
  2 Stunden Ruhezeit und
  40 Minuten Backzeit)

1. Für den Teig die Butter mit dem Zucker und 1 Prise Salz schaumig rühren. Das Mehl darüber schütten und alles rasch zu einem glatten Mürbeteig verkneten; falls nötig, etwas Wasser dazugeben. Den Teig zugedeckt etwa 2 Stunden im Kühlschrank ruhen lassen.

2. Die Form fetten. Den Backofen auf 200° vorheizen. Für die Füllung die Butter in einem Topf zerlassen, den Zucker hineinstreuen und unter Rühren hellbraun karamelisieren lassen. Die Walnüsse und die Sahne dazurühren, einmal aufkochen und dann abkühlen lassen.

3. Zwei Drittel des Mürbeteigs auf einer leicht bemehlten Arbeitsfläche dünn ausrollen und den Boden und den Rand der Form damit auslegen; den Teigrand rundherum etwas überstehen lassen.

4. Die Nußmasse auf den Teigboden geben. Den übrigen Teig in Größe der Form ausrollen und auf die Füllung legen. Den überstehenden Rand mit etwas verquirltem Eigelb bestreichen und den Rand auf der Teigdecke festdrücken.

5. Mit einer Gabel die Decke gleichmäßig einstechen und diese mit Eigelb bestreichen. Die Torte im Backofen (Mitte) etwa 40 Minuten backen; eventuell gegen Ende der Backzeit mit Pergamentpapier bedecken.

Im Bild vorne: Engadiner Nußtorte
Im Bild hinten:
Burgenländer Mohntorte

FESTLICHE TORTEN

Rüblitorte

Es ist nicht die bekannte Schweizer Rüblitorte, die mit Zuckerguß und Marzipan-Möhren verziert wird, sondern ein Rezept aus der Vollwertküche.

Zutaten für eine Springform von 28 cm Ø:
300 g Möhren
6 Eier
350 g Zuckerrohrgranulat
350 g gemahlene Mandeln
abgeriebene Schale von
1/2 unbehandelten Zitrone
1/2 Teel. Zimtpulver
3 Eßl. Weizen-Vollkornmehl
Salz
125 g Sahne
3 Eßl. Sanddornsirup
Für die Form: Butter, gemahlene Mandeln und Vollkornsemmelbrösel

Vollwertrezept

Bei 12 Stück pro Stück etwa:
1500 kJ/360 kcal
10 g Eiweiß · 22 g Fett
33 g Kohlenhydrate

- Zubereitungszeit: etwa 2 Stunden 20 Minuten (davon 1 Stunde Backzeit)

1. Die Möhren waschen, dünn schälen und auf der Rohkostreibe raspeln.

2. Die Form fetten und mit Mandeln und Bröseln ausstreuen. Den Backofen auf 190° vorheizen.

3. Die Eier trennen. Die Eigelbe mit dem Zuckerrohrgranulat schaumig rühren, die Möhren, die Mandeln, die Zitronenschale und den Zimt sowie das Mehl unterziehen.

4. Die Eiweiße mit 1 Prise Salz steif schlagen, unter den Teig heben, diesen in die Form füllen und im Backofen (Mitte) etwa 1 Stunde backen, dabei nach etwa 40 Minuten mit Pergamentpapier bedecken.

5. Die Torte auskühlen lassen. Die Sahne steif schlagen, mit dem Sanddornsirup mischen und die kalte Torte damit überziehen.

Nubiertorte

Zutaten für eine Springform von 26 cm Ø:
100 g Schokolade, edelbitter
160 g weiche Butter
175 g Zucker
8 Eier
2 Eßl. Vanillezucker
150 g gemahlene, ungeschälte Mandeln
30 g Semmelbrösel
Salz
200 g Kuvertüre, zartbitter
4 Eßl. gehackte Pistazienkerne
Für die Form: Butter

Gelingt leicht

Bei 12 Stück pro Stück etwa:
1900 kJ/450 kcal
9 g Eiweiß · 31 g Fett
33 g Kohlenhydrate

- Zubereitungszeit: etwa 2 Stunden (davon 1 Stunde Backzeit)

1. Die Schokolade in Stücke brechen und im heißen Wasserbad schmelzen lassen.

2. Die Form fetten. Den Backofen auf 175° vorheizen.

3. Die Butter mit dem Zucker schaumig rühren. Die Eier trennen und die Eigelbe nach und nach unter die Buttermasse ziehen. Die zerlassene Schokolade, den Vanillezucker, die Mandeln und die Semmelbrösel unterrühren.

4. Die Eiweiße mit 1 Prise Salz steif schlagen und unter den Teig heben. Den Teig in die Form füllen und im Backofen (Mitte) etwa 1 Stunde backen. Die Torte abkühlen lassen.

5. Die Kuvertüre im heißen Wasserbad zerlassen, auf die Mitte der Torte träufeln und mit einem Spatel auf Oberfläche und Rand verstreichen. Auf die noch weiche Kuvertüre die Pistazien streuen.

Im Bild vorne: Nubiertorte
Im Bild hinten: Rüblitorte

FESTLICHE TORTEN

REZEPT- UND SACHREGISTER

Zum Gebrauch

Damit Sie Rezepte mit bestimmten Zutaten noch schneller finden können, stehen in diesem Register zusätzlich auch beliebte Zutaten wie Äpfel oder Mandeln – ebenfalls alphabetisch geordnet und halbfett gedruckt – über den entsprechenden Rezepten.

A

Ananas: Kokos-Ananas-Kuchen 44
Ananas schneiden (Foto) 44
Äpfel: Gedeckter Apfelkuchen 36
Äpfel: Gerührter Apfelkuchen 46
Apfelkuchen mit Streuseln 46
Aprikosenkuchen 40
Augsburger Rhabarbertorte 56

B

Backen 6
Backtips 4
Baiser: Rhabarberkuchen mit Baiser 38
Bienenstich 16
Biskuit 6
Biskuitboden durchschneiden (Foto) 49
Biskuitroulade 18
Brauner Kirschkuchen 34
Burgenländer Mohntorte 58
Butter 4
Butterkuchen: Einfacher Butterkuchen 12

E

Eier 4
Eier trennen (Foto) 48
Eierschecke 24
Engadiner Nußtorte 58
Erdbeeren: Mürber Erdbeerkuchen 42

F

Feiner Rührkuchen 20
Form mit Pergamentpapier auslegen (Foto) 48
Form mit Teig auslegen (Foto) 21, 52

G

Garprobe 7
Gedeckter Apfelkuchen 36
Gemischter Nußkuchen 14
Geräte (Foto) 5
Gerührter Apfelkuchen 46
Gugelhupf 26

H

Haselnüsse
Gedeckter Apfelkuchen 36
Gemischter Nußkuchen 14
Himbeer-Schokoladen-Kuchen 38
Mokka-Sahne-Torte 54
Orangen-Nuß-Kuchen 28
Stachelbeer-Nuß-Kuchen 42
Zucchinikuchen 10
Hefeteig 5
Hefeteig bereiten (Foto) 12
Himbeer-Schokoladen-Kuchen 38

I/J

Ilsenburger Wellen 32
Johannisbeer-Makronen-Kuchen 46

K

Kapstachelbeeren: Stachelbeer-Nuß-Kuchen 42
Käsekuchen mit Korinthen 30
Käsekuchen ohne Boden 30
Kastenform auslegen (Foto) 20
Kirsch-Käse-Kuchen 34
Kirschen: Brauner Kirschkuchen 34
Kokos-Ananas-Kuchen 44
Kokos: Marzipan-Kokos-Kuchen 14
Königskuchen 32

L

Leichte Sachertorte 54
Lime Pie 21
Linzer Torte 50

M

Mailänder Quarktorte 56
Mandeln
Apfelkuchen mit Streuseln 46
Augsburger Rhabarbertorte 56
Bienenstich 16
Brauner Kirschkuchen 34
Gemischter Nußkuchen 14
Gerührter Apfelkuchen 46
Johannisbeer-Makronen-Kuchen 46
Königskuchen 32
Linzer Torte 50
Mandel-Sand-Kuchen 22
Mandelkuchen 16
Nubiertorte 50
Orangentorte 50
Rhabarberkuchen mit Baiser 38
Zucchinikuchen 10
Margaretenkuchen 24
Marmorkuchen 28
Marzipan-Kokos-Kuchen 14
Mohn
Burgenländer Mohntorte 58
Mohnkuchen 10
Mohntorte mit Preiselbeersahne 48
Möhren: Rüblitorte 60
Mokka-Sahne-Torte 54
Mooskuchen 8
Mürber Erdbeerkuchen 42
Mürbeteig 5
Mürbeteig kneten (Foto) 20, 52

N/O

Nubiertorte 60
Orangen-Nuß-Kuchen 28
Orangentorte 50

P
Pergamentpapier 7
Pflaumen-Streusel-Kuchen 45
Preiselbeeren: Mohntorte mit
    Preiselbeersahne 48

Q
Quark-Öl-Teig 6
Quark
    Apelkuchen mit Streuseln 46
    Eierschecke 24
    Käsekuchen mit Korinthen 30
    Käsekuchen ohne Boden 30
    Mailänder Quarktorte 56
    Mohnkuchen 10
    Schwarz-Weiß-Kuchen 22

R
Rhabarber: Augsburger
    Rhabarbertorte 56
Rhabarberkuchen mit Baiser 38
Rotweinkuchen 26
Rüblitorte 60
Rührteig 6

S
Sachertorte: Leichte Sacher-
    torte 54
Sahne: Schneller Rahm-
    kuchen 18
Schokolade
    Himbeer-Schokoladen-
        Kuchen 38
    Leichte Sachertorte 54
    Nubiertorte 60
    Schwarzweiß-Kuchen 22
    Stachelbeer-Nuß-Kuchen 42
Streusel
    Streusel bereiten
        (Foto) 13
    Apfelkuchen mit Streuseln 46
    Pflaumen-Streusel-Kuchen 45
    Streuselkuchen 13

T
Teige 5
Temperatureinstellungen 7

V/W
Vanillezucker 4
Walnüsse: Engadiner Nuß-
    torte 58
Walnüsse: Gemischter Nuß-
    kuchen 14
Weinschaumcreme-Torte 52

Z
Zitronenkuchen 8
Zitrusfrüchte 4
Zucchinikuchen 10
Zutaten 4
Zwetschgendatschi 40

Register nach Teigarten

Biskuit
Biskuitroulade 18
Gerührter Apfelkuchen 36
Orangentorte 50
Mokka-Sahne-Torte 54

Hefeteig
Einfacher Butterkuchen 12
Streuselkuchen 13
Bienenstich 16
Schneller Rahmkuchen 18
Gugelhupf 26
Zwetschgendatschi 40

Mürbeteig
Lime Pie 21
Schwarzweiß-Kuchen 22
Eierschecke 24
Käsekuchen mit Korinthen 30
Gedeckter Apfelkuchen 36
Mürber Erdbeerkuchen 42
Pflaumen-Streusel-Kuchen 45
Johannisbeer-Makronen-
    Kuchen 46
Apfelkuchen mit Streuseln 46
Linzer Torte 50
Weinschaumcreme-Torte 52
Augsburger Rhabarbertorte 56
Engadiner Nußkuchen 58

Quark-Öl-Teig
Mohnkuchen 10
Gemischter Nußkuchen 14
Marzipan-Kokos-Kuchen 14

Rührteig
Mooskuchen 8
Zitronenkuchen 8
Zucchinikuchen 10
Mandelkuchen 16
Feiner Rührkuchen 20
Mandel-Sand-Kuchen 22
Margaretenkuchen 24
Rotweinkuchen 26
Marmorkuchen 28
Orangen-Nuß-Kuchen 28
Königskuchen 32
Ilsenburger Wellen 32
Brauner Kirschkuchen 34
Rhabarberkuchen mit Baiser 38
Himbeer-Schokoladen-
    Kuchen 38
Aprikosenkuchen 40
Stachelbeer-Nuß-Kuchen 42
Kokos-Ananas-Kuchen 44
Mohntorte mit Preiselbeer-
    sahne 48
Leichte Sachertorte 54
Mailänder Quarktorte 56
Burgenländer Mohntorte 58
Rüblitorte 60

63

IMPRESSUM

Auf der Umschlag-Vorderseite sehen Sie den Gugelhupf von Seite 26 und den Aprikosenkuchen von Seite 40.

© 1991 Gräfe und Unzer, Verlag GmbH, München. Alle Rechte vorbehalten. Nachdruck, auch auszugsweise, sowie Verbreitung durch Film, Funk und Fernsehen, durch fotomechanische Wiedergabe, Tonträger und Datenverarbeitungssysteme jeder Art nur mit schriftlicher Genehmigung des Verlages.

Redaktion:
Adelheid Schmidt-Thomé
Layout: Ludwig Kaiser
Typographie: Robert Gigler
Herstellung: Ulrike Laqua
Fotos: Odette Teubner,
Kerstin Mosny
Umschlaggestaltung:
Heinz Kraxenberger
Satz: GSD, München
Reproduktionen:
Greineder, München
Druck: Staudigl, Donauwörth
Bindung: Auer, Donauwörth

ISBN 3-7742-1116-7

Auflage 9. 8. 7. 6. 5.
Jahr 1999 98 97 96 95

Annette Wolter

gehört zu den führenden Kochbuchautoren im deutschen Sprachraum. Seit zwei Jahrzehnten sind Kochen und Haushalt ihr Ressort. Annette Wolter begann als Mitarbeiterin großer Frauenzeitschriften. Heute ist sie anerkannte Expertin im Bereich Küche und Keller, Autorin erfolgreicher Kochbücher und mehrfache Preisträgerin der »Gastronomischen Akademie Deutschlands e. V.«.

Odette Teubner

wurde durch ihren Vater, den international bekannten Food-Fotografen Christian Teubner ausgebildet. Heute arbeitet sie ausschließlich im Studio für Lebensmittelfotografie Teubner. In ihrer Freizeit ist sie begeisterte Kinderporträtistin – mit dem eigenen Sohn als Modell.

Kerstin Mosny

besuchte eine Fachhochschule für Fotografie in der französischen Schweiz. Danach arbeitete sie als Assistentin bei verschiedenen Fotografen, unter anderem bei dem Food-Fotografen Jürgen Tapprich in Zürich. Seit März 1985 arbeitet sie im Fotostudio Teubner.